선생님을 위한
참 쉬운
글쓰기

업무가 빨라지고 자존감을 높이는 글쓰기 기술

선생님을 위한
참 쉬운
글쓰기

안태일 지음

i-Scream

교사, 글만 잘 써도 '업무' 부담이 줄어듭니다.

글을 '잘' 쓸 줄 알면 교사의 업무 부담은 크게 줄어듭니다. 교사는 글을 업으로 삼는 전문 작가가 아닙니다. 하지만 우리는 업무 때문에 늘 글과 씨름하며 일을 합니다. 각종 보고서, 가정통신문, 공지사항 알리기, 학부모 상담, 단체 문자 발송, 생기부 작성 등. 글쓰기를 마주할 때마다 창작이 주는 고통과 압박에 피가 말라가는 듯합니다. 특히나 생기부의 광활한 공란을 채우는 일은 너무나도 괴롭습니다. 마감 날이 다가올수록 머릿속은 하얘지고 마음만 급해지는 기분, 한 번쯤 경험해 보신 선생님들은 아시리라 생각됩니다.

교사들은 해마다 학년 초에 새로운 학부모님들에게 장문의 편지를 씁니다. 첫인상이 끝인상이라는 말이 있습니다. 담임교사가 어떤 사람인지, 학급은 어떻게 꾸려나갈 것인지, 가정에서 어떻게 지도하면 좋을지. 다양한 이야기를 감성 가득한 문체로 담아보고 싶지만 참 어렵습니다. 혹시 올해도 옆 반 선생님이 쓰신 글을 빌리지는 않았나요.

성적표 시즌이 돌아오면 어김없이 가정통신문을 써야 합니다. 대부분의 선생님들이 "1학기 1차 지필평가가 마무리 되었습니다." 한 줄을 쓰고 나면 다시 머리가 하얘집니다. 학부모님에게는 희망을 주고 아이들에게 위로를 건네는 따스한 글을 써보고 싶습니다. 하지만 손가락이 말을 듣지 않습니다. 글이 잘 써지지 않습니다.

또 교사가 처리해야 하는 공문은 왜 이렇게 많을까요. 계획서, 보고서, 추천서, 의견서, 내부기안 등. 숫자를 입력하는 일만으로도 버거운데 문자를 눌러쓰는 일은 얼마나 힘에 부치는지.

학부모님에게 보내는 장문의 단체 문자도 어렵긴 마찬가지입니다. 오해가 쌓이지 않게 단어와 서술어를 고르기도 벅차고, 글의 전개는 어찌하면 좋을지 감이 잘 안 잡힙니다.

사실 교사는 전문 작가가 아닙니다. 하지만 글을 써야 하는 일이 참 많습니다. 교사가 글을 '잘' 쓸 줄 안다면 업무 부담을 크게 줄일 수 있습니다.

교사의 '업무'와 교사의 자존감

글쓰기 이야기를 이어가기 전에 꼭 나누고픈 이야기가 있습니다. '교사의 업무'란 도대체 무엇일까요. 교사가 업으로 삼고 있는 일은 단한 가지입니다. 학생을 온전한 개인으로 성장시키고, 민주국가의 주인 갖춰야 할 민주시민성을 길러주는 일입니다. 진정한 행복이 무엇인지 함께 고민하고, 있는 그대로의 자기 자신을 사랑하도록 도와주며, 건전한 경제인으로 성장할 수 있게 진로 탐색을 안내하는 일. 주인 의식을 심어주고, 민주주의란 무엇인지 알려주며, 나눔과 배려, 소통과 동행의 소중함을 일깨워 주는 일. 이토록 중요하고 소중한 일을 전문적으로 맡아 '업무'로 삼는 이들이 누구인지 찾아봤습니다. 제가 아무리 검색해 보고 책을 읽어보고 여기저기 물어보아도 답은 하나뿐입니다. 우리는 그들을 '교사 또는 선생님'이라고 부릅니다.

밤낮으로 수업을 준비하고, 상담하고, 생기부를 쓰고, 기안도 올리고. 사실 교사의 모든 업무가 매우 중요한 일에 속하지만, 업무 중 상당수는 교사가 왜 맡아야 하는지 모를 잡무들도 많이 포함되어 있습니다. 하지만 그럼에도 잊지 말아야 합니다. 교사가 하는 일은 세상 그 누구도 책임지고 맡지 않는 매우 중요한 일이라는 사실입니다.

교사가 없다면 아이들은 어디에서 배울 수 있을까요. 교사가 있기에 아이들이 온전한 개인으로 성장할 수 있습니다. 대한민국은 민주공화국입니다. 나라의 주인은 국민입니다. 주인이 이상한 사람이면 식당도 이상해집니다. 주인이 주인다워야 식당이 제대로 운영됩니다. 지금 이 글을 보고 계시는 선생님이 없다면 이 나라의 근간인 아이들이 무너집니다. 선생님은 엄청나고도 거룩한 일을 '업무'로 묵묵히 수행하는 대단한 사람입니다! 학교 밖 사람들이 교사를 어떻게 보든 중요하지 않습니다. 철밥통이다, 무능력하다, 세금 도둑이다, 놀고 먹는다, 하는 일 없다, 무책임하다. 일부 잘못된 교사의 행동 때문에 전체 교사가 욕을 먹고 있습니다. 나는 잘못한 것이 없는데도 자꾸 듣다보면 어깨가 축 처지고 마음이 위축됩니다. 하지만 세상의 손가락질에 잠시 눈 감고 귀를 막아보세요. 그리고 자신에게 말해줍시다.

"나는 교사다. 나는 정말 대단한 일을 하고 있다.
나는 원래 대단한 사람이다. 세상이 뭐라 하든 내가 하는 일은
숭고한 일이다. 온전한 개인으로 성장하게 도와주고,
이 나라의 근간을 책임지는 중요한 일을 하고 있다.
나는 교사다. 나는 원래 대단한 사람이다."

어느 날 출판사 사장님께서 이런 말씀을 해주셨습니다. "직업군 중에서 교사만큼 자기 계발에 힘쓰는 직종 없어요. 책 판매량이 그걸 증명합니다." 비단 책뿐일까요. 의무 연수는 기본이요, 직접 찾아 듣는 원격 연수가 얼마나 많습니까. 전문적 학습 공동체는 또 얼마나 다양한지요. 자신의 역량을 키워서 지금 하는 '업무' 역량을 길러내려는 열정, 이 얼마나 대단한 사람들입니까.

세상이 뭐라고 하든 이제 신경 쓰지 않고 교사의 자존감을 회복해야 할 때입니다. 선생님이 지금 이 책을 손에 쥐고 있는 이유도 마찬가지입니다. 교사의 숭고한 업무를 조금이라도 더 잘 수행하기 위한 역량을 길러내고자 글쓰기 공부를 시작하셨으리라 믿습니다. 이 얼마나 멋지고 대단한 일입니까. 그럼, 책장을 넘기기 전에 구호를 먼저 외치고 시작할까요?

"우리는 원래 대단한 사람들! 잃어버린 자존감을 되찾자!"

PART 1
글쓰기가 쉬워지는 글쓰기 공식

PART 2
글쓰기 실전 수업!
학교에서 꼭 필요한 교사 글쓰기

PART 3
숨어있는 필력 UP 시키기!

1 좋은 글을 훔쳐라! 패러디 글쓰기 훈련

2 글쓰기 개요 짜기부터 퇴고까지

글 쓰 기 가
쉬 워 지 는

글쓰기
공 식

이제 나도 '글잘러'!
글쓰기에도 공식이 있다.

🖋 글쓰기가 선생님을 힘들게 한다

교사가 마주해야 할 글쓰기 장면이 하나 더 있습니다. 우리는 아이들에게 글쓰기의 중요성을 늘 강조합니다. 그리고 일기를 써라, 감사 편지를 써라, 교과서 빈칸을 채워라, 독후감을 써라, 수행평가 서술형을 써라, 지필 평가 주관식 답을 써라 등과 같은 수업을 합니다. 아이들은 묻습니다. "선생님. 어떻게 써요?"

저 또한 어떻게 글을 써야 할지 잘 모르니 아이들에게 쓰는 방법도 제대로 알려주지 않고 그냥 쓰면 된다는 말만 되풀이했습니다. 돌이켜 생각해보니 참 민망하고 미안한 마음이 큽니다. 운전면허 학원 강사는 수강생이 시동을 걸지 못하고 있으면 시동 거는 방법을 알려줘야 합니다. 그런데 빨리 출발하라고 재촉만 하면 운전면허 강사로서 자격이 없는 행동입니다. 제가 딱 그랬습니다. 교사가 어느 정도 글쓰기 방법을 알고, 글을 쉽게 쓰는 공식을 터득하고 있다면 아이들에게 더 쉽게 글쓰기를 강요할 수 있을 것입니다.

교사가 글쓰기의 재미를 알아야, 아이들도 글 짓는 재미를 느끼게 할 수 있습니다. 우리가 쉽게 글을 쓰는 법을 익히고 글 쓰는 재미를 알아야 하는 가장 중요한 이유이기도 합니다.

진짜 '나'를 위한 글쓰기

글쓰기는 교사에게만 쓸모 있는 것은 아닙니다. 지구를 살아가는 한 인간으로서 '나'에게도 글쓰기는 쓸모가 많습니다. 고단한 내 육체에 영양소를 선물하러 맛집도 가고, 일상이 주는 고단함을 털어내기 위해 훌쩍 여행도 떠나고, 사랑을 나누고, 이별을 견디고, 좋아하는 노래를 듣다 감성에 젖기도 하고, 사회 문제에 화를 내기도 하고, 슬픔과 기쁨과 허무함과 애잔함과 그리움과 희망과 절망을 느끼며 하루를 보냅니다. 그럴 때마다 내가 겪은 일들과 생각과 감정을 글로 표현하고 싶을 때도 많습니다.

글을 쓰다 보면 많은 것들을 얻을 수 있습니다. 내 진짜 감정과 생각은 무엇인지 찾아가는 글쓰기, 내 마음을 치유하는 글쓰기, 답답한 속을 시원하게 풀어주는 글쓰기, 누군가를 위로해주는 글쓰기, 정보를 나누는 글쓰기, 추억을 소중하게 기록하는 글쓰기. 글쓰기는 교사가 아닌 '그냥 있는 그대로의 나'에게도 많은 것들을 선물해줍니다.

그런데 글쓰기는 참 쉽지 않습니다. 내 생각을 글로 표현하고 싶지만 첫 문장도 쓰기 힘들 때가 많습니다. 내가 보고 들은 것을 그대로 글로 옮겨 적는 일도 만만치 않습니다. 글쓰기가 우리 머리와 몸에 얼마나 좋은지는 잘 알겠는데, 글을 쉽게 쓰는 방법은 도통 모르겠어서 그 방법을 알고 싶어 참 많이도 먼 길 돌고 돌아다녔습니다. 용하다는 작법서란 작법서는 모두 챙겨 읽고 따라 써봤습니다. 말하듯이 써라, 기승전결을 지켜라, 결론부터 써라, 가슴 속 깊은 곳까지 들어가서 써라, 유혹하듯 써라, 책을 많이 읽어라, 솔직하게 써라 등…. 글쓰기 선배님들의 훌륭한 조언을 따라보았지만, 여전히 글쓰기는 어려웠습니다.

그러던 중 한 가닥 빛줄기를 찾았습니다. 글쓰기에도 '공식'이 있다는 사실을 발견한 것입니다. 수학, 과학이 아닌데 어떻게 글쓰기에 '공식'이 존재할 수 있을까요? 글쓰기에 공식이 있다고 해도, 정말 공식을 활용하면 글쓰기가 쉬워질까요. 저의 대답은 한치의 망설임 없이 "네!"입니다.

🖋 글쓰기에도 공식이 있다

글쓰기에도 공식이 있습니다. 물론 수학이나 과학에서 다루는 공식처럼 곱하기와 나누기, 분수로 표현하는 수식을 의미하지는 않습니다. 글을 쓸 때 지키면 좋을 '글의 순서'가 있다는 의미입니다. 수학 공식을 이용하면 문제를 쉽게 풀 수 있습니다. 마찬가지로 글쓰기 공식(순서)에 맞추어 글을 쓰게 되면 글을 쉽게 쓸 수 있습니다. 다만, 수학과 과학의 공식은 반드시 지켜야 하는 절대적인 법칙이지만, 글쓰기 공식은 순서에 맞추어 글을 쓰면 글에 짜임새가 생기고 글을 빠르고 쉽게 쓸 수 있는 요령에 가깝습니다.

우리에게 이미 익숙한 글쓰기 공식이 많습니다. '기승전결', '서론-본론-결론', '발단-전개-위기-절정-결말' 등이 우리가 익히 알고 있는 글쓰기 공식입니다. 글쓰기에 공식이 존재하는 이유는 대부분 사람에게 익숙한 사고의 흐름이 존재하기 때문입니다. 생물학적 진화, 사회화 등을 통해 우리는 글이나 말의 흐름에 '자연스럽다'라는 평가 기준을 공유하게 되었습니다. 그럼 다음 빈칸에는 어떤 내용이 들어가야 우리는 '자연스럽다'라고 생각할까요?

❶ 모든 동물은 죽는다.
❷ 강아지는 동물이다.
❸ _____ 다.

아마도 "따라서 강아지는 죽는다."가 들어가야 가장 자연스럽다고 생각하실 겁니다. 원인을 밝히려면 진화 심리학, 뇌 과학의 지식을 빌려와야 합니다만 분명 한 것은 인간에게 익숙한 사고의 흐름이 존재한다는 사실입니다. 그리고 인간에게 익숙한 사고의 흐름에 따라 소설, 영화, 드라마, 연극, 대화, 칼럼, 사설이 진행될 때 우리는 자연스러움을 느끼게 됩니다. 물론 예술의 영역에서는 정형화된 스토리 전개에 반감을 갖는 사람도 있습니다. 뻔한 전개 스토리다, 다음에 어떤 내용이 나올지 쉽게 예측할 수 있다 등의 혹평을 하는 사람도 있습니다. 그러나 인간에게 익숙한 전개 방식으로 스토리를 전개하지 않으면 금세 지루함과 어색함을 느껴 대중의 외면을 받습니다.

대중 영화들은 스토리 전개 공식이 정형화된 대표적인 매체입니다. 대중 영화의 경우, 인간에게 익숙하지 않은 전개 방식을 선택하면 대중에게 외면당할 위험이 큽니다. 그래서 상업 영화는 인간에게 가장 익숙한 스토리 전개 방식은 '발단-전개-위기-절정-결말'로 구성된 〈영화 글쓰기 공식〉에 맞추어 시나리오를 쓰는 경우가 많습니다.

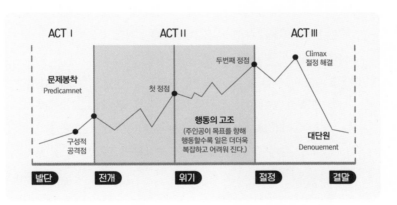

〈영화 글쓰기 공식〉에 맞추어, 학교를 배경으로 한 시나리오 한편을 써봤습니다. 손에 땀을 쥐게 하고 잠시도 화면에서 눈을 뗄 수 없는 숨막히는 스토리를 함께 감상하시죠.

발단 전직 특수부대 출신 안 선생. 학생들과 수행평가를 시행 중이었다. 그런데 갑자기 테러범이 학교에 침입하여 학생과 교직원을 대상으로 인질극을 벌인다.

전개 홀로 테러범과 게릴라전을 벌이는 안 선생. 그리고 학생들을 끝까지 보호하려는 교장. 가까스로 경찰특공대의 진입로를 확보한 안 선생. 안 선생과 교장은 환상의 콤비 플레이를 보여준다.

위기 그런데! 교장은 테러범들의 리더였다! 경찰특공대는 교장이 파놓은 함정에 빠지게 되고 홀로 고립된 안 선생! 교장은 아이들 몸에 폭탄을 장착하며 경찰특공대를 압박한다.

절정 분필통, 대걸레, 줄자, 색연필, 카트, 스테이플러, 빗자루, 칠판지우개, OMR 카드 등 각종 학교 기물을 활용해 교장과 최후의 일전을 벌이는 안 선생! 교장 선생님이 아끼는 난초를 부수겠다며 도발한 후 기습적으로 공격하여 테러 조직의 리더를 쓰러뜨린다.

결말 피와 땀으로 범벅이 된 안 선생! 비틀거리는 몸을 교탁에 기댄 후 미소를 지으며 말한다. "자. 이제 수행평가, 마저 해야지?" 주제곡이 흐르며 페이드아웃.

혹시 영화 한 편이 머릿속에 획 지나가셨나요? 어디선가 본 듯한 익숙한 스토리 구조이지요? 대부분의 대중 영화는 〈영화 글쓰기 공식〉의 전형적인 틀 안에서 다양한 변주를 통해 스토리를 만듭니다.

이처럼 영화 시나리오뿐 아니라 대부분의 글쓰기에도 익숙한 글의 흐름이 존재합니다. 그리고 그 '흐름'에 맞추어 글의 순서를 배치한 다양한 글쓰기 공식이 있습니다. 오랜 인류의 역사 속에서 자연스럽게 탄생한 글쓰기 공식도 있고, 기존에 있던 글쓰기 공식을 정리하여 새롭게 만든 글쓰기 공식도 많습니다. 이 책에서는 '공식'이라고 표현하지만 보통 '문법'이라고 불리고 '양식', '작성법', '쓰는 법' 등으로 불리기도 합니다. 우리가 흔히 글에 짜임새가 있다고 평하는 글 대부분은 〈글쓰기 공식〉에 따라 쓴 글입니다. 글이 술술 익힌다는 느낌을 주는 글들 역시 〈글쓰기 공식〉에 맞추어 쓴 글이 대부분입니다. 모바일 기기로 미디어와 글을 접하는 사람들이 늘어난 이후에는 글쓰기 공식 대부분에 변화가 생기기도 했습니다. 글의 도입부에 결론을 먼저 제시하고 글을 시작하거나 글 전체의 내용을 요약해서 서두에 제시하고 시작하는 스타일을 사람들이 선호하기 때문입니다. 완벽한 글쓰기 공식은 존재하지 않지만, 독자들이 익숙해하는 글쓰기의 기본 원칙은 분명히 존재합니다.

읽는 이와 쓰는 이 모두에게 좋은 글쓰기 기본 공식

글쓰기 공식은 읽는 이와 쓰는 이 모두에게 좋습니다. 글쓰기 공식에 따라 글을 쓰면 인간에게 익숙한 사고의 흐름대로 글이 진행됩니다. 이렇게 쓰인 글은 내용을 쉽게 이해할 수 있고 저자의 의도도 파악하기 편합니다. 읽기도 편하고 내용도 쉽게 파악할 수 있으니 글에 제시된 정보를 쉽게 얻을 수 있고 재미와 감동도 제대로 느낄 수 있습니다.

다만, 글쓰기 공식은 글을 쓰는 사람에게 더욱 유용합니다. 형식이 내용을 만들 때가 많습니다. 다음에 어떤 내용을 써야 하는지, 짜임새 있는 글을 쉽게 작성할 수 있습니다. '글의 짜임새' 자체가 '글쓰기 공식'의 다른 이름이기 때문입니다. 다음에 쓸 내용이 어디를 향해야 할지가 명확히 보이기 때문에 글을 앞으로 죽죽 밀고 나갈 힘을 얻을 수 있습니다.

많은 글쓰기 선배님들이 유용한 글쓰기 공식을 여럿 만들었습니다. 저 또한 훌륭한 글쓰기 공식을 빌려 지금의 책을 집필하면서, 기존의 글쓰기 공식에서 더할 것은 무엇이고 뺄 것은 무엇인지 고민을 많이 했습니다. 고민 끝에 저는 나름대로의 답을 찾았습니다. '글쓰기 공식 한가지로 모든 종류의 글을 작성할 수는 없다, 글의 유형과 온도에 따라 글쓰기 공식도 달라져야 한다, 한국인 독자들이 좋아하는 글의 흐름은 따로 있다, 글쓰기는 남에게 읽히기 위해서도 쓰지만, 자신의 감정과 생각을 정리하기 위해서도 쓴다.'라는 것입니다.

〈기본 글쓰기 공식〉을 정리하는 데 7년이란 시간이 걸렸습니다. 그리고 이를 응용해서 〈선생님을 위한 학교 글쓰기 공식〉을 만들었습니다. 이제 이 책을 펼쳐보시는 선생님들께서는 글쓰기 기본 공식에 맞춰 차근차근 글을 써보시길 바랍니다. 망설임 없이 문장을 죽죽 밀고 나가는 근력이 생길 수 있습니다. 읽기 편한 글, 짜임새 있는 글, 사색이 담긴 글, 공감을 주는 글, 위로를 주는 글, 설득력 있는 글, 삶에 힘을 주는 글을 쉽게 쓸 수 있습니다. 글을 쓰면서 나의 진짜 마음, 나조차 몰랐던 내 진짜 생각을 찾을 수 있습니다.

저는 지금도 글을 '잘' 쓰지는 못합니다. 하지만 글을 쓸 때 괴롭거나 힘든 마음이 이제는 들지 않습니다. 모두 글쓰기 공식 덕분입니다. 공식을 정리하는데 적지 않은 시간이 걸렸습니다. 참 멀리 있는 길을 돌아왔습니다. 그 먼 길을 돌고 돌면서 얻은 글쓰기 꼼수를 이제 선생님과 함께 나누고자 합니다. 먼 길은 저만 돌아갈테니, 앞으로 선생님은 지름길로 걸으시길 바랍니다.

글쓰기 공식들을 내 것으로 만든 후에, 글쓰기 실력을 높여주는 방법들을 공유하고, 끝으로 아이들에 글쓰기 교육을 어떻게 하면 좋을지 함께 고민하려 합니다. 본격적으로 글쓰기 공부에 들어가기 전에 우리가 누구인지, 어떤 일을 하는 사람인지, '업무' 역량을 기르려는 이유가 무엇인지 잊지 말아주세요!

글을 밀고 나가는 힘,
문장 뭉치기 공식

> **가독성 높이기 스킬**
> ❶ 복문보다는 단문으로 쓰기
> ❷ 주인공 + 대상 + 어떠하다 순서 지키기
> ❸ 수식어는 꾸미는 말 바로 앞에
>
> **문장 뭉치기 스킬**
> ❶ 핵심 문장 + 이유 문장
> ❷ 핵심 문장 + 핵심의 예시 문장
> ❸ 핵심 문장 + 이유 문장 + 이유의 근거 문장

〈문장 뭉치기 공식〉의 쓸모

〈가독성 높이기 스킬〉은 선생님들이 익히 잘 알고 계시는 내용입니다.

여기서는 간단하게 살펴볼까요? 여러 주어와 서술어가 뭉쳐있는 복문보다는 단문이 가독성이 높습니다. "태범이는 미술 교육에 관심이 많았지만, 영찬이는 놀이 교육에 관심이 더 많았기에 태범이를 연구 모임에서 경질했다." 보다는 "태범이는 미술 교육에 관심이 많았다. 하지만 영찬이는 놀이 교육에 관심이 더 많았다. 그렇기에 영찬이는 연구 모임에서 태범이를 경질했다."가 더 술술 잘 읽힙니다.

주인공을 제시하고 대상(목적어)을 쓴 후에 '어떠하다'(서술어)를 쓰는 순서로 문장을 쓸 때 글의 가독성은 더 높아집니다. "친구들을 나는 오랫동안 사랑해왔다." 보다는 "나는 오랫동안 친구들을 사랑해왔다."가 더 술술 읽힙니다.

꾸미는 말은 꾸밈을 받는 말 바로 앞에 있어야 가독성이 높아집니다. '뜨거운 한국인이 김치에 쏟는 애정'은 한국인이 뜨거운 것인지 김치가 뜨거운 것인지, 애정이 뜨거운 것인지 확실치가 않아 읽는 이는 고개를 갸우뚱할 수밖에 없습니다. 그만큼 가독성도 떨어지게 됩니다. '한국인이 김치에 쏟는 뜨거운 애정'처럼 꾸밈을 받는 말 바로 앞에 수식어를 놓을 때 가독성이 높아집니다.

〈문장 뭉치기 공식〉을 간단하게 살펴볼까요? 문장 뭉치기 공식이란 문장들을 이어붙여서 하나의 덩어리로 만든 문장 조합을 말합니다. 첫 번째 문장 뭉치기 유형은, 가장 중요한 핵심 문장을 먼저 던진 후에 이유를 설명하는 문장을 연결하는 방법입니다. 두 번째 문장 뭉치기 유형은, 가장 중요한 핵심 문장을 먼저 던진 후에 핵심 문장의 구체적인 예시를 이어붙입니다. 문장 뭉치기 세 번째 유형은, 핵심 문장을 던진 후에 이유 문장을 이어붙입니다. 그리고 그 뒤에 이유의 근거를 제시하는 문장을 덧붙입니다. 마지막 네 번째 유형은, 역시 핵심 문장을 가장 먼저 제시한 후에 이유 문장을 이어붙이는 방법입니다. 그리고 그 뒤에 핵심 문장의 구체적인 예시를 덧붙입니다.

〈문장 뭉치기 공식〉의 '쓸모'는 크게 3가지가 있습니다. 가독성 높이기, 문장을 밀고 나가는 힘 얻기, 나만의 문체 만들기 등입니다. 첫째, 〈문장 뭉치기 공식〉을 활용하여 글을 쓰면 가독성이 높아집니다. 일반적인 사고방식의 흐름에 맞추어 문장을 배열했기 때문에 글이 술술 읽힙니다. 〈문장 뭉치기 공식〉을 활용하면 술술 읽히는 글을 쉽게 쓸 수 있습니다.

둘째, 문장을 밀고 나가는 힘을 얻을 수 있습니다. 〈문장 뭉치기 공식〉에 따라서 문장을 계속 이어나가면 글을 앞으로 죽죽 밀고 나갈 수 있습니다. 첫 문장을 쓰는 일은 어렵습니다. 그런데 두 번째 문장을 쓰는 일은 더욱 어렵습니다. '짜장면을 맛있게 먹었다'는 문장으로 글을 시작했지만, 뒤에 어떤 문장을 붙여서 글을 이어나갈지는 막막한 일입니다. 하지만 〈문장 뭉치기 공식〉에 맞춰서 문장을 이어 나가면 막막함이 사라집니다. '짜장면을 맛있게 먹었다. 근래 중국집을 찾을 일이 없던 터라 시간을 내어 동네 중식집을 찾았다'라고 문장을 이어갈지, '짜장면을 맛있게 먹었다. 새로 오신 주방장은 장인 정신을 발휘해 짜장면 면발에 영혼을 부었다. 짜장면은 마치 생명체가 된 듯 입이라는 거대한 우주를 쫄깃하게 헤엄쳤다'라고 문장을 이어갈지 결정만 하면 됩니다. 〈문장 뭉치기 공식〉에 따라 글을 쓰면 다음에 어떤 말을 써야 할지 고민할 필요가 줄어듭니다. 공식의 유형 중 하나를 골라 계속 문장을 이어붙이면 그만입니다.

셋째, 나만의 문체를 만들 수 있습니다. 문체를 정의하기란 쉽지 않습니다. 우리는 막연하게 '그 작가의 문체는 참 간결해서 좋아'라든지 '이 작가는 내용은 좋은데 문체는 조금 지루해'라고 느끼는 정도일 것입니다. 〈문장 뭉치기 공식〉을 응용하면 내 글에 '느낌'을 마음대로 넣을 수 있습니다.

공식은 어디까지나 기본 유형일 뿐입니다. 기본이 있다는 것은 응용도 있다는 말이지요. 〈문장 뭉치기 공식〉을 이리저리 비틀면 나만의 느낌이 흠뻑 젖어있는 문체를 만들 수 있습니다. 그럼 쓸모 많은 〈문장 뭉치기 공식〉을 함께 알아볼까요?

✑ 좋은 예시문 vs 나쁜 예시문

우선 〈문장 뭉치기 공식〉과 〈가독성 높이기 스킬〉을 사용하지 않은 예시문을 먼저 살펴보겠습니다.

---

❶ 맛있게 돼지고기를 철민이는 구웠는데 이번 여행에서 종완이와 달리 종완이 친구 철민이는 요리를 담당하기로 했고 그래서 최선을 다해 종완이는 요리하지 않을 동안 현란하게 움직여 타지 않게 움직였는데 빨간 핏물이 사라지고 주르륵 육즙이 흘러나왔다.

❷ 종완이는 허겁지겁 철민이가 구워준 고기를 먹었는데 씹어 먹는 모습은 누가 봐도 철민이 친구 종완이는 철민이가 계속 간식을 먹은 것과 달리 열흘 동안 굶은 숫사자가 사냥감을 물어뜯는 것처럼 절박했고 처절했다.

❸ 종완이의 친구인 철민이는 철민이의 친구 종완이가 고기를 허겁지겁 먹자 인자한 엄마 미소를 지으며 냉장고에서 한 번에 고기를 꺼냈는데 고기가 몇 분 안에 동이 날 것 같았고 철민이의 친구 종완이는 상추 하나에 고기를 세 점씩 접어 넣으며 먹는데 종완이의 친구인 철민이는 종완이가 고기를 잘 먹으니 너무 보기 좋았다.

어떠신가요. 글이 술술 읽히셨나요? 아니면 글을 읽을수록 미간에 주름이 점점 깊어졌나요? 위 예시문은 나쁜 글 입니다. 가독성이 좋지 않은 글은 아무리 내용이 좋아도 '좋은 글'이 결코 될 수 없습니다. 도대체 무슨 말을 하는지 알 수 없다면 그건 나쁜 글이 아니라 '글'이라고 할 수 없습니다.

글쓰기 스승님들이 한 목소리를 내어 우리에게 주는 글쓰기 격언이 있습니다. 글의 최종 목표는 독자의 삶에 변화가 생기게 하는 일입니다. 내 상품 후기를 읽고 물건을 구매하게 하는 일, 내가 쓴 선언문을 읽고 사회 운동에 참여하게 하는 일, 내가 쓴 에세이를 읽고 삶에 용기를 얻게 하는 일, 내가 쓴 우스갯소리에 깔깔 웃으며 배꼽을 찾아 바닥을 뒹굴게 하는 일. 글쓰기의 최종 목표는 독자의 마음, 행동, 삶에 변화를 주는 것이죠.

그런데 말입니다. 글의 최종 목표를 향해 독자를 유혹하려면 일단 글이 쉽게 읽혀야 합니다. 글을 읽는 도중에 호흡이 뚝뚝 끊기고, 뒤로 돌아가 무슨 소리를 하는지 점검하고 다시 돌아오기를 반복해야 한다? 독자는 생각보다 인내심이 좋지 않습니다. 좋은 학점을 받아내야 하는 대학교 전공 교재가 아니고서야, 글을 끝까지 읽는 것은 매우 힘든 일입니다. 세상에는 좋은 글이 너무 많기 때문에 나쁜 글을 읽느라 아까운 세월을 낭비하는 사람은 많지 않습니다. 그렇기 때문에 가독성이 떨어지는 글은 나쁜 글입니다.

이번에는 〈문장 뭉치기 공식〉과 〈가독성 높이기 스킬〉을 활용한 예시문을 살펴보겠습니다. 앞의 예시문과 비교해서 읽어볼까요?

---

❶ 철민이는 돼지고기를 맛있게 구웠다. 이번 여행에서 철민이는 요리를 담당하기로 했다. 고기가 타지 않게 집게를 현란하게 움직였다. 빨간 핏물이 불기운에 사라지고 영롱한 육즙이 주르륵 흘러나왔다.

❷ 종완이는 철민이가 구워준 고기를 허겁지겁 먹었다. 종완이는 고기를 맛있게 먹어야 한다며 온종일 아무런 음식도 먹지 않았었다. 종완이가 고기를 씹어 먹는 모습은 열흘 동안 굶은 숫사자가 사냥감을 물어뜯는 것처럼 절박했고 처절했다.

❸ 철민이는 인자한 엄마 미소를 지으며 냉장고에서 고기를 한 번에 꺼냈다. 몇 분 안에 구운 고기가 동이 날 것 같았다. 종완이는 상추 하나에 고기를

세 점씩 집어넣으며 먹고 있었다. 이윽고 상추 하나에 고기를 여섯 점씩 구겨 넣어 강력하고 열정적인 턱 운동을 하며 허겁지겁 고기를 먹었다.

어떠신가요? 앞 예시문과 비교하면 가독성이 훨씬 좋아졌지요. 가독성이 좋아진 이유는 너무도 간단합니다. 〈문장 뭉치기 공식〉과 〈가독성 높이기 스킬〉에 따라 글을 작성했을 뿐입니다. 〈문장 뭉치기 공식〉이 가독성을 높여주는 이유는 우리가 느끼는 호기심을 해결해주면서 문장을 제시하기 때문입니다. 독자가 호기심을 느끼도록 한 후에, 궁금증을 풀어주는 순서로 글을 작성하게 되면 가독성이 높아지게 됩니다. 그럼 지금부터 가독성을 높여주면서 문장을 앞으로 전진시켜나갈 힘을 얻을 〈문장 뭉치기 공식〉과 〈가독성 높이기 스킬〉을 알아볼까요?

핵심 문장 + 이유 문장

〈문장 뭉치기 공식〉을 활용하면 가독성이 높아집니다. 독자의 사고 흐름에 따라 내용을 제시하기 때문에 글이 술술 읽힙니다. 우선 〈핵심 문장 + 이유 문장〉 유형을 살펴보겠습니다.

먼저 가장 중요한 핵심 문장을 독자에게 제시합니다. 핵심 내용을 읽은 독자는 자연스레 호기심이 생깁니다. 그리고 자연스럽게 익숙한 사고의 흐름을 탑니다. 예시를 들어보겠습니다.

"○○아, 나 교사 그만두기로 했어."

친한 선생님이 이런 말을 했다고 가정해 볼까요? 도대체 무슨 일이 생긴 건지, 걱정 섞인 호기심이 자연스럽게 올라오지요? 그러면 우리는 익숙한 사고의 흐름을 타면서 궁금증이 생깁니다. 그리고 그 궁금증을 해결하기 위해서 질문을 던집니다.

"왜?"

별일 없이 잘 지낼 줄 알았는데 무슨 일이 생긴 걸까? 교사가 학교를 그만두려는 이유를 머릿속에 떠올려봅니다. 악성 민원을 받았나? 교직에 염증을 느낀 걸까? 부조리한 시스템이 지쳤나? 아니면 로또에 당첨되었거나 부모님이 숨겨둔 재산을 공개하시며 이제 건물이나 관리하며 즐겁게 살라고 하신 건가?

이미 발동 걸린 호기심 때문에 빨리 '이유'를 듣고 싶어집니다. 대화 장면이라면 핵심 내용을 듣자마자 반사적으로 "왜?"라는 질문이 입에서 툭 튀어나오겠지요. 하지만 글을 읽는 장면에서는 "아니, 왜 그러지?" 하고 생각만 할 뿐입니다. 그런데 바로 뒤이어 "왜냐하면~"하고 이유를 설명해 준다면 호기심이 해결되면서 글을 흥미롭게 읽어나가게 됩니다.

가독성의 비밀 중 하나가 바로 이것입니다. 핵심 문장을 먼저 던져서 호기심을 심어주고, 그 이유를 궁금하게 만듭니다. 그리고 바로 이어서 궁금증을 풀어주는 것. 독자의 기본적인 사고 흐름을 충족시켜줄 때 가독성이 높아진답니다. 다음은 〈핵심 문장 + 이유 문장〉의 기본 문형 입니다.

❶ 핵심 문장을 먼저 제시하기
❷ (왜냐하면) ~~~ 하기 (때문이다.)

문장 세트 중에서 가장 중요하고 핵심적인 내용을 먼저 제시합니다. 그리고 바로 이어서 "왜냐하면"을 붙이고 이유를 서술한 후에 "때문이다"를 붙이면 됩니다. 간단하죠? 예시를 들어볼까요?

핵심 문장 나는 어제 점심으로 짬뽕을 먹었다.
이유 문장 왜냐하면, 문을 연 가게가 중국집밖에 없었기 때문이다.

나는 어제 점심으로 짬뽕을 먹었다.
왜냐하면, 몇 달 동안 중식을 먹지 못했기 때문이다.
나는 어제 점심으로 짬뽕을 먹었다. 왜냐하면, 나는 짬뽕 없이는 하루를 살 수 없는 짬뽕 사랑꾼이기 때문이다.

그런데 모든 문장마다 '왜냐하면'과 '때문이다'를 붙이게 되면 글의 호흡이 뚝뚝 끊기기도 합니다. '왜냐하면'과 ' 때문이다'를 떼어내도 가독성은 여전히 높고, 글 전달력도 그대로 남습니다. 독자의 사고 흐름을 채워주고 있다는 사실에는 변화가 없기 때문입니다. 그럼, '왜냐하면'과 '때문이다'를 떼어낸 문장을 살펴볼까요?

> 나는 어제 점심으로 짬뽕을 먹었다. 문을 연 가게가 중국집밖에 없었다.
>
> 나는 어제 점심으로 짬뽕을 먹었다. 몇 달 동안 중식을 먹지 못했었다.
>
> 나는 어제 점심으로 짬뽕을 먹었다. 나는 짬뽕 없이는 하루를 살 수 없는 짬뽕 사랑꾼이다.

어떤가요? 글맛이 훨씬 살아나면서 호흡도 좋아지고 가독성도 높아졌지요? 〈핵심 문장 + 이유 문장〉을 살펴봤습니다. 글은 쓰면 쓸수록 좋아집니다. 〈핵심 문장 + 이유 문장〉 유형에 따라 연습하기를 함께 해볼까요?

—✐ 오늘 수업을 마치고 무엇을 하실 건가요?

—✐ 올해 가장 즐거웠던 날은 언제인가요?

—✐ 가장 좋아하는 음식 메뉴는 무엇인가요?

—✐ 여행하고 싶은 장소는 어디인가요?

—✐ 외모 중에서 살짝 손 보고 싶은 곳은 어디인가요?

—✐ 좋은 학급의 조건 중 가장 중요한 것은 무엇인가요?

—✐ 갖고 싶은 전자기기는 무엇인가요?

—✐ 저번 주말에는 무엇을 하셨나요?

—✐ 이번 방학 때 어떤 일을 해보고 싶나요?

—✐ 다시 태어난다면 어떤 직업을 얻고 싶나요?

✐ 핵심 문장 + 구체적 예시 문장

이번에는 〈핵심 문장 + 구체적 예시 문장〉 유형을 살펴보겠습니다. 이번에도, 가장 중요한 핵심 문장을 독자에게 먼저 제시합니다. 핵심 내용을 읽은 독자는 자연스레 호기심이 생깁니다. 그리고 자연스럽게 익숙한 사고의 흐름을 탑니다. 예시를 들어보겠습니다.

오랜만에 만난 친구가 엄지를 계속 올리면서 짬뽕 맛집을 찾았다고 자랑합니다. 자기 동네에 그런 맛집이 숨어 있을 줄은 몰랐답니다. "○○아, 나 어제 진짜 정말 너무 맛있는 짬뽕을 먹었어!" 친구의 말을 들으니 호기심이 생깁니다. 도대체 구체적으로 얼마나 맛이 있다는 걸까? 해산물이 엄청나게 들어갔다는 걸까? 국물 맛이 깊다는 걸까? 면발이 탱탱하다는 걸까? 호기심에 시동이 걸렸습니다.

만약 대화 장면이었다면 핵심 내용을 듣자마자 반사적으로 "구체적으로 이야기 해봐! 더 자세히 말해봐"라는 말이 툭 튀어나오겠지요. 하지만 글을 읽는 장면에서는 "구체적인 예시가 궁금하네" 하는 마음만 들 뿐입니다. 그런데 바로 뒤이어 자세한 설명이 붙는다면 호기심이 해결되면서 글을 죽죽 읽어나갈 수 있게 됩니다. 가독성의 비밀은 어디에서 온다고 했죠? 독자의 기본적인 사고 흐름을 따라가 주며 글을 이어나갈 때 가독성이 높아집니다.

> 핵심 문장 나는 어제 정말 맛있는 짬뽕을 먹었다.
> 구체적 예시 문장 면발은 한입 물때마다 입에서 굿거리장단에 맞추어 탭댄스를 추었고 국물은 목젖을 넘어 식도를 향하는 그 긴 여정 동안 내내 향긋한 바다 내음을 주었고 그 신선함이 수목원 새벽 공기처럼 맑았다.

어떠신가요. 당장 이 짬뽕 가게의 주소와 상호를 내놓으라고 친구를 재촉하고 싶어집니다. 핵심 문장은 짧을수록 좋습니다. "독자 여러분? 여기 좀 보세요."하고 살짝 맛만 빠르게 보여주는 겁니다. 그리고 나서 "자, 궁금하시죠? 이제부터 본격적으로 이야기를 시작해볼게요." 하면서 자세한 이야기를 뒤에 붙여주는 방식입니다. 구체적 예시 문장을 쓴다고 해서 한 문장으로 써야 하는 것은 아닙니다. 〈가독성 높이기 스킬〉 기억나시죠? 복문보다는 단문이 훨씬 읽기 편합니다. 이번에는 구체적 예시 문장을 단문으로 나눠보겠습니다. 글의 호흡이 어떻게 바뀌는지 주목하세요.

나는 어제 정말 맛있는 짬뽕을 먹었다.
면발은 한입 물때마다 입에서 굿거리장단에 맞추어 탭댄스를 추었다.
국물은 목젖을 넘어 식도를 향하는 그 긴 여정 동안, 내내 향긋한 바다 내음을 내주었다. 그 신선함이 수목원 새벽 공기처럼 맑았다.

복문으로 쓴 예시문보다 단문으로 쓴 예시문의 호흡이 훨씬 더 간결하죠? 글맛도 훨씬 살아납니다. 물론, 단문이 항상 옳고 복문은 언제 나쁘다는 말은 아닙니다. 복문을 잘 쓰기가 어렵다는 뜻입니다. 처음 글을 연습할 때는 다루기 힘든 복문보다는 단문으로 쓰는 연습을 먼저 하세요. 글맛과 호흡 조절이 익숙해진 후에 복문을 적절히 사용하면 된답니다.

〈핵심 문장 + 구체적 예시 문장〉을 살펴봤습니다. 글은 쓰면 쓸수록

좋아집니다. 〈핵심 문장 + 구체적 예시 문장〉 공식에 따라 연습하기를
함께 해볼까요? 핵심 문장을 보시고 구체적 예시 문장을 이어서 연습해
보면 좋습니다.

연습하기

— 🖉 어제 우리 반 아이들은 난리를 부렸다.

— 🖉 내 핸드폰은 기능이 참 많다.

— 🖉 ○○○을 여행하는 동안 참 많이도 먹었다.

— 🖉 아버지는 성격이 참 유별나셨다.

— 🖉 오늘도 그 아이는 내 속을 활활 불태웠다.

— 🖉 나는 저번 주에 정말 맛있는 파스타를 먹었다.

— 🖉 이번에 본 영화의 주인공은 캐릭터가 매력적이었다.

🖉 핵심 문장 + 이유 문장 + 이유의 근거 문장

이번에는 〈핵심 문장 + 이유 문장 + 이유의 근거 문장〉 유형을 살펴보
겠습니다. 이 유형은 핵심 문장이 선언하는 문장이거나 주장하는 문장
일 때 자주 사용합니다.

이번에도 가장 중요한 핵심 문장을 독자에게 먼저 제시합니다. 핵심 내용을 읽은 독자는 자연스레 호기심이 생깁니다. 그리고 자연스럽게 익숙한 사고의 흐름을 탑니다. 예시를 들어보겠습니다.

> **핵심 문장** 아이들에게 내일 등교할 때 우산을 챙기라고 알려주었다.
> **이유 문장** 왜냐하면 내일 오후에 비가 올 것이기 때문이다.

여기까지는 〈핵심 문장 + 이유 문장〉 유형과 같지요? 그런데 이 글을 읽으며 의문점이 생깁니다. 내일 비가 올 거라는 것을 도대체 어떻게 확신한 걸까? 예언자도 아니고 어떻게 내일 날씨를 확신할 수 있지?

글쓴이가 주장을 제시하거나 '선언' 할 때 독자는 본능적으로 의심을 던지게 되어있습니다. 우리의 사고 흐름이 원래 그렇습니다. 가독성의 비밀은 어디에서 오지요? 독자의 사고 흐름을 충족시켜줄 때 가독성이 높아집니다. 의심한 독자에게 '근거는 이렇습니다' 하면서 〈이유의 근거 문장〉을 보여줍니다.

> **이유의 근거 문장** 일기 예보에서 기상 캐스터가 내일 오후에 비가 올 확률이 무려 90%라고 했다.

이때 '왜냐하면' 과 '때문이다'를 생략하고 문장을 이어 붙여 보겠습니다. 가독성과 글맛이 어떻게 바뀌는지 살펴보세요.

> 아이들에게 내일 등교할 때 우산을 챙기라고 알려주었다. 내일 오후에 비가 내린다고 한다. 일기 예보에서 기상 캐스터가 내일 오후에 비가 올 확률이 무려 90%라고 했다.

글을 쓰는 사람은 핵심 문장, 이유 문장, 이유의 근거 문장을 염두에 두면서 쓰더라도 글을 읽는 사람은 그것을 잘 인지하지 못합니다. 그저 느낌만 남을 뿐입니다. 하지만, 글쓰기를 연습하는 사람은 다른 사람이 쓴 글을 읽을 때 어느 부분이 핵심 문장인지, 이유 문장인지 또 근거 문장인지 구분해서 읽으면 좋습니다. 다른 사람의 글을 분석하는 일은 필력을 끌어올리기 매우 좋은 공부법이니까요. 예시문을 한 번 더 살펴보겠습니다. 어느 문장이 핵심인지, 이유인지, 근거인지 확인하면서 읽어보세요.

> 남을 험담해서는 안 된다. 그 험담은 결국 돌아와 내 등에 꽂힌다. 내가 누군가를 험담했다는 소식이 그 대상에게 들리게 되면 그 대상은 다시 나를 험담할 것이요, 내가 험담했다는 사실을 들은 이들은 험담의 사실 여부와 관계없이 나를 좋게 볼 리 없다.

지금까지 〈핵심 문장 + 이유 문장 + 이유의 근거 문장〉을 살펴봤습니다. 글은 쓰면 쓸수록 좋아집니다. 〈핵심 문장 + 이유 문장 + 이유의 근거 문장〉 공식에 따라 연습하기를 함께 해볼까요? 핵심 문장을 보시고 이유 문장과 이유의 근거 문장을 덧붙여 보세요.

연습하기

— ✏ 여러분. 복도에서 뛰면 안 됩니다.

— ✏ 핸드폰은 L사 제품이 가장 좋다.

— ✏ 신혼여행지는 ○○○을 추천할게.

— ✏ 면접장에 들어가기 전에 가슴을 펴는 운동을 해야 한다.

— ✏ 쓰레기를 함부로 버리면 안 됩니다.

— ✏ 성장기 어린이는 일찍 자야 합니다.

— ✏ 게임을 너무 오래 하면 안 됩니다.

— ✏ 칭찬을 자주 합시다.

✑ 나만의 문체 만들기

여러분은 특별히 좋아하는 문체가 있나요? 우리는 '문체'라는 말을 일상적으로 사용합니다. 다만 학자마다 문체의 정의를 다르게 내리기도 합니다. 어떤 작가님은 문체란 존재하지 않는다고 주장하기도 합니다. 어쨌든 우리는 문체가 무엇인지 어렴풋이 알고 있습니다.

수식어를 자주 사용한 문장을 보며 우리는 '문체가 참 화려하다'라고 이야기합니다. 반대로 수식어를 거의 사용하지 않은 문장을 읽으며 '문체가 참 담백하다'라고 말합니다. 세상을 비판적으로 바라보는 관점, 자신을 낮춰보는 삶의 자세, 확신에 가득 찬 자신감 등이 글에 곳곳에 묻어있을 때도 우리는 그 작가의 문체를 느낍니다. "이 글은 참 날카로워", "글이 참 따뜻해", "글에 힘이 있어", "글이 참 간결하면서 스피드가 있어"라고 평합니다. 반대로 복문으로 쭉 이어진 문장을 읽으며 "호흡은 길지만, 글맛이 있어"라고 느낍니다. 단문과 복문이 적절히 섞인 글을 읽으며 "글에 리듬감이 살아있어."라고 합니다.

그리고, 하나 더 〈문장 뭉치기 공식〉의 순서를 응용해서 나만의 패턴을 만들면 글맛에 변화구를 줄 수 있습니다. 그리고 나만의 '문체'를 만들 수 있는 힌트를 얻습니다. 예를 들어볼게요. 핵심 문장, 이유 문장, 이유의 근거 문장, 구체적 예시 문장이 어디에 있는지 주목하면서 읽어 보겠습니다.

> 남을 험담해서는 안 된다. 그 험담은 결국 돌아와 내 등에 꽂힌다. 내가 누군가를 험담했다는 소식이 그 대상에게 들리게 되면 그 대상은 다시 나를 험담할 것이요, 내가 험담했다는 사실을 들은 이들은 험담의 사실 여부와 관계없이 나를 좋게 볼 리 없다.

문장들이 어떻게 조합되었는지 한눈에 들어오시나요? 핵심 문장을 먼저 제시하고, 이유 문장을 이어 붙인 후에 이유의 근거를 제시하는 문장을 덧붙였습니다. 이제 이 글에 변화구를 주겠습니다. 문장의 순서를 바꾼 것만으로 글맛이 어떻게 바뀌는지 살펴보세요.

> 내가 누군가를 험담했다는 소식이 그 대상에게 들리게 되면 그 대상은 다시 나를 험담할 것이요, 내가 험담했다는 사실을 들은 이들은 험담의 사실 여부와 관계없이 나를 좋게 볼 리 없다. 험담은 결국 돌아와 내 등에 꽂힌다. 잊지 말아라. 남을 험담해서는 안 된다.

문장에 어떤 변화가 생겼는지 알아채셨나요? 이유의 근거 문장을 먼저 제시하고 이유 문장을 붙인 뒤에 핵심 문장을 맨 마지막에 제시했습니다. 그리고 강조를 위해 "잊지 말아라."를 추가했습니다. 문장 순서를 바꾼 것만으로 글맛이 확 바뀐 것이 느껴지시죠? 이번에는 수식어를 추가해서 문장에 힘을 줘보겠습니다.

> 내가 누군가를 더러운 언어로 험담했다는 소식이 그 대상에게 어떻게든 들리게 되면 그 대상은 더욱 참혹한 언어로 다시 나를 냉엄하게 험담할 것이다. 또한, 내가 누군가를 험담했다는 추악한 사실을 들은 선량한 이들은 그 험담의 사실 여부와 관계없이 더러운 입을 놀린 나를 좋게 볼 리 없다. 그렇다. 험담은 멀리 있는 길을 결국 돌아와 내 등에 핏빛 연기를 뿜으며 꽂힌다. 잊지 말아라. 결코, 남을 험담해서는 안 된다.

어떠신가요? 글에 무게감이 생기고 힘이 들어간 것이 보이시지요? 작가님들은 자신만의 리듬과 '변화구'를 갖고 계십니다. 수년 동안 글쓰기 연습을 하시면서 체득하신 것이겠지요. 우리는 지름길로 가겠습니다. 수식 기법, 기본적인 스탠스, 단문과 복문의 조합 그리고 〈문장 뭉치기 공식〉의 순서를 바꿔보기. 이 기법들을 활용하면서 자신만의 문체를 만들어보세요. 글을 쓰는 손맛이 좋아진답니다.

이번 챕터에서 써본 문장들을 다시 꺼내 보면서 그 문장들에 변화구를 던져보세요. 수식어를 넣고 빼보기, 글의 온도 조절해보기, 복문을 단문으로 단문을 복문으로 바꿔보기, 그리고 〈문장 뭉치기 공식〉의 순서를 바꿔보는 연습을 통해 나만의 문체를 찾아보세요.

친절한 글을 쓰는 마법의 공식, 카테고리 글쓰기

> **카테고리 글쓰기 공식**
> ❶ 종류 나열 : ~~는 N 가지가 있다. A, B, C, D이다.
> ❷ 종류별 자세한 설명 : 첫째, 둘째, 셋째….
> ❸ 역순 정리 : A, B, C, D가 ~~다.

〈카테고리 글쓰기 공식〉의 쓸모

〈카테고리 글쓰기 공식〉은 세상에서 가장 친절한 글쓰기 공식입니다. 연인에게 사랑을 고백할 때의 따스함, 이제 말을 배우기 시작한 아이에게 건네는 미소의 온도, 연수 상신하는 법을 알려주는 교무 부장님의 흐뭇한 메시지. 대충 그런 느낌을 주는 친절한 글쓰기입니다.

우선 〈카테고리 글쓰기 공식〉을 간단하게 살펴볼까요? 글의 맨 서두에 설명하고자 하는 대상의 특성에는 어떤 것들이 있는지 종류를 나열합니다. 그리고 이어서 종류가 몇 가지인지 먼저 제시하고 세부 항목의 명칭을 언급합니다. 본격적인 설명을 하기에 앞서 읽는 이에게 글의 전체적인 밑그림과 지도를 그릴 수 있게 해주기 위해서입니다. 두 번째 단계에서는 앞서 제시한 항목들을 종류별로 하나씩 자세하게 설명합니다. 서두에서 글의 전체적인 밑그림을 그려보았던 읽는 이는 각 항목의 위치를 확인하면서 세부적인 내용을 이해하게 됩니다. 마지막 단계에서는 역순으로 내용을 정리합니다. 역순으로 정리하는 이유는 글의 서두 단계의 서술 방식과 다르게 글을 작성하면 글맛이 살아나기 때문입니다.

여러분은 다음 중 인터넷 게시판에 올라온 제목 중에서 어느 글을 가장 클릭하고 싶으신가요?

Ⓐ 학부모 민원의 종류
Ⓑ 슬기로운 학부모 민원 종류별 대처법
Ⓒ 학부모 민원에 슬기롭게 대처하는 5가지 방법

"아니 대처법이 다섯 가지나 된다고? 뭔데? 뭔데? 궁금해!"하는 절박한 마음으로 C를 다다닥 연타하고 싶어집니다. 종류가 몇 가지인지 정보를 접하게 되면, 우리의 뇌는 자동으로 그중 몇 가지를 짐작해봅니다. 그리고 자기가 예상한 것이 맞는지 확인하고픈 욕망이 생깁니다. 머릿속에 한 가지도 떠오르지 않는다면, 도파민이 전두엽을 가로지르며

극렬한 호기심을 불러일으킵니다. 설명할 내용이 몇 가지인지 미리 알려주는 서술 방식은 〈카테고리 글쓰기 공식〉의 핵심입니다.

〈카테고리 글쓰기 공식〉의 쓸모는 크게 세 가지가 있습니다. 설명문을 친절하게 쓰기, 아이들의 질문-답변 수업 능력 길러주기, 다른 글쓰기 공식에 덧붙여 활용하기 등의 '쓸모'입니다.

🖊 설명은 친절해야 한다

〈카테고리 글쓰기 공식〉을 활용하면 '친절한 설명문'을 쉽게 작성할 수 있습니다. 친절한 설명이란 무엇일까요? 밑도 끝도 없이 의식의 흐름대로 들려주는 설명은 매우 불친절한 설명이겠죠? 설명하는 사람은 자신이 설명할 내용을 알고 있습니다. 하지만 설명을 듣는 사람은 어떠한 정보도 없습니다. 그런데 갑자기 자동차 급발진 하듯이 설명을 출발해 버리면 어떻게 될까요? 설명을 들을 준비가 안 된 읽는 이를 출발선에 내팽개치고, 자기 혼자 F1 자동차 경주하듯 저 멀리 내달립니다. 본인은 신날 수 있습니다. 머릿속에서 열심히 의식의 흐름대로 폭주 중일 테니까요.

친절한 설명은 듣는 이의 입장에서 서술한 설명입니다. 설명을 듣는 사람은 자세한 설명을 듣기 전에 전체적인 밑그림 지도를 알고 싶어합니다. 본격적인 설명을 시작하기 전에 전체적인 정보를 먼저 제공하고 함께 출발하자는 신호를 보내야합니다. "아, 내가 듣게 될 내용은 전체적으로 이런 것이겠구나. 아하, 세부적인 내용은 총 5가지구나. 그러면 앞으로 내가 들어야 할 내용은 3가지가 더 남았구나." 이렇게 전체적인 밑그림 지도를 먼저 안내받으면 앞으로 어떤 내용이 나올지 예측할 수 있습니다. 예측할 기회와 시간을 주는 것, 그것이 바로 '친절한 설명'이 갖춰야 할 기본 조건입니다. 친절한 설명문을 작성하기 위해 〈카테고리 글쓰기 공식〉은 5가지 항목을 읽는 이에게 제시합니다. 전체적인 밑그림 제시하기 외에도, 배경 설명해주기, 대상의 정의 알려주기, 단점과 대안 제시하기, 구체적 제안 들려주기 등을 '친절하게' 서술합니다.

또, 〈카테고리 글쓰기 공식〉은 다른 글쓰기 공식에 덧붙여서 활용할 수 있습니다. 마치 자동차에 새로운 액세서리를 부착해 튜닝하는 것처럼 다른 글쓰기 공식에 〈카테고리 글쓰기 공식〉을 더해서 글을 더욱 풍성하게 개조해 나갈 수 있습니다. 설명문을 친절하게 쓰기, 아이들의 질문-답변 수업 능력 길러주기, 다른 글쓰기 공식에 덧붙여 활용하기 등이 바로 〈카테고리 글쓰기 공식〉의 대표적인 쓸모입니다. 그럼, 쓸모 많은 〈카테고리 글쓰기 공식〉을 함께 알아볼까요?

🖋 좋은 예시문 vs 덜 좋은 예시문

우선, 〈카테고리 글쓰기 공식〉을 사용하지 않은 글을 살펴보겠습니다. 다음 예시문은 제주도 여행의 장점을 소개하는 글입니다.

제주도 여행에 들어가는 경비는 해외 여행길에 사용하는 비용보다 상대적으로 저렴하다. 항공권의 비용이 압도적으로 낮다. 차량 렌트 비용 역시 하루 2만 원 이내로 부담이 적다. 식비도 현지 유명 대중식당을 이용할 때도 인당 2만 원을 넘기지 않는다. 제주도의 생활 물가는 반도와 크게 차이가 나지 않는 점 또한 매력적인 요소다.

현지인과의 소통에 어려움이 적다. 해외여행의 경우 현지 언어를 사용하거나 영어를 익혀야 한다. 하지만 현대 제주도 원어민들은 한국어를 능숙하게 사용하기 때문에 쇼핑, 길 묻기 등에서 언어의 장벽을 거의 느낄 수 없다.

여행 중 물품이 필요한 경우 손쉽게 물건을 구매할 수 있다. 제주도는 어느 곳이든 차량으로 20분 거리에 대형 할인점이 있다. 칫솔, 비누, 속옷 등 다양한 여행 필수품을 저렴한 비용으로 조달할 수 있다. 야간도 다양한 편의점을 쉽게 이용할 수 있다. 특히 과자류, 컵라면류의 경우 2개를 사면 한 개를 덤으로 주는 할인 이벤트를 자주 시행한다.

치안이 우수하다. 몇몇 국가의 경우 공권력의 지배를 받지 않고 마피아가 활개 치는 지역이 많다. 절도, 강도 등의 범죄에 노출될 가능성도 제주도보다 압도적으로 높다. 하지만 제주도의 경우 카페에서 노트북을 꺼내놓고 화장실을 이용해도 도난 걱정이 없을 만큼 치안이 우수하다.

　　위 예시문도 불친절한 설명문은 아닙니다. 제주도 여행의 장점을 알기 쉽게 설명을 잘한 글입니다. 그런데 이 글을 〈카테고리 글쓰기 공식〉

에 따라 약간만 손을 보게 되면 친절함과 글맛이 함께 살아나게 됩니다. 이번에는 〈카테고리 글쓰기 공식〉에 따라 쓴 예시문을 살펴보겠습니다.

제주도 여행이 해외여행보다 좋은 이유는 4가지가 있다. 저렴한 비용, 현지인과의 소통, 쇼핑 접근성, 치안의 우수성 등이 대표적인 이유다.

첫째, 제주도 여행에 들어가는 경비는 해외 여행길에 사용하는 비용보다 상대적으로 저렴하다. 항공권의 평균비용이 압도적으로 낮다. 차량 렌트 비용 역시 하루 2만 원 이내로 부담이 적다. 식비도 현지 유명 대중식당을 이용할 때도 인당 2만 원을 넘기지 않는다. 제주도의 생활 물가는 반도와 크게 차이가 나지 않는 점 또한 매력적인 요소다.

둘째, 현지인과의 소통에 어려움이 적다. 해외여행의 경우 현지 언어를 사용하거나 영어를 익혀야 한다. 하지만 현대 제주도 원어민들은 한국어를 능숙하게 사용하기 때문에 쇼핑, 길 묻기 등에서 언어의 장벽을 거의 느낄 수 없다.

셋째, 여행 중 물품이 필요한 경우 손쉽게 물건을 구매할 수 있다. 제주도는 어느 곳이든 차량으로 20분 거리에 대형 할인점이 있다. 칫솔, 비누, 속옷 등 다양한 여행 필수품을 저렴한 비용으로 조달할 수 있다. 야간도 다양한 편의점을 쉽게 이용할 수 있다. 특히 과자류, 컵라면류의 경우 2개를 사면 한 개를 덤으로 주는 할인 이벤트를 자주 시행한다.

넷째, 치안이 우수하다. 몇몇 국가의 경우 공권력의 지배를 받지 않고 마피아가 활개 치는 지역이 많다. 절도, 강도 등의 범죄에 노출될 가능성도 제주도보다 압도적으로 높다. 하지만 제주도의 경우 카페에서 노트북을 꺼내놓고 화장실을 이용해도 도난 걱정이 없을 만큼 치안이 우수하다.

저렴한 비용, 현지인과의 소통, 쇼핑 접근성, 치안의 우수성이 제주도 여행의 대표적인 장점이다.

　본격적인 자세한 설명을 시작하기 전에, 글의 전체적인 밑그림 지도를 제시하는 것만으로도 읽는 이는 더욱 쉽게 내용을 이해할 기회를 얻게 됩니다. 이후 첫째, 둘째, 셋째 항목별 위치를 알려주는 것만으로도 읽는 이는 길을 잃지 않고 내용을 더욱 쉽게 이해할 지도를 이정표를 선물 받습니다. 설명은 친절해야 합니다. 그리고 〈카테고리 글쓰기 공식〉은 '친절한 설명문'을 매우 쉽게 작성할 수 있게 해줍니다.

✏ 카테고리 글쓰기 공식_기본형

앞서 말했다시피 설명은 친절해야 합니다. 사실 누군가에게 설명을 듣는다는 것 자체가 스트레스입니다. 서로 알고 있는 것에 대해 이야기를 주고받는 수다는 너무도 즐거운 일이지만 내가 전혀 알지 못하는 내용을 누군가가 설명해줄 때는 일단 뇌가 긴장합니다. 가진 정보가 전혀 없는 상태라면 더더욱 온몸은 긴장 상태가 됩니다. 게다가 "내가 왜 그걸 알아야 하지?"하는 생각이 들면 극한의 스트레스에 빠지게 됩니다. 그래서 설명은 매우 친절해야 합니다.

설명할 내용에 관한 정보가 거의 없는 경우, 사람들은 본능적으로 전체적인 윤곽, 그림, 지도를 확인하고 싶어 합니다. 우리가 책을 읽기 전에 차례를 훑어보는 이유도 이와 같습니다. 책의 전체적인 구성을 확인하면서 어떤 내용이 펼쳐질지를 미리 가늠하게 되면 책을 이해하는 데 큰 도움을 얻습니다. 이번에는 제주도 여행의 장점을 설명하는 글을 예시로 들어보겠습니다.

> 제주도 여행이 해외여행보다 좋은 이유는 4가지가 있다. 저렴한 비용, 현지인과의 소통, 쇼핑 접근성, 치안의 우수성 등이 대표적인 이유다.

이 글을 읽는 이는 밑그림을 그려가며 글의 전체적인 방향을 예측할 수 있게 됩니다. '제주도 여행의 장점은 4가지가 있구나. 그러면 이제 뒷부분에서 장점 4가지를 하나씩 자세하게 설명하겠구나' 라고 말입니다. 사실, 이 방식은 선생님들이 수업 시간에 자주 사용하는 화법입니다. "행복한 삶을 살기 위한 조건은 크게 4가지가 있단다. 질 높은 정주 환경, 경제적 안정, 민주주의 실현, 도덕적 실천이 바로 그 4가지 조건들이란다."

선생님은 아이들에게 세부적인 내용을 설명하기 전, 이 단계에서 제시한 내용을 우선 친구에게 설명해 보라고 합니다. 확신할 수는 없지만 대충 이런 뜻일 것 같다고 설명하게 하는 방법입니다. 이 과정에서 아이들은 곧 배울 내용의 전체적인 밑그림과 지도를 그릴 수 있게 됩니다. 새로운 내용을 배울 때 밑그림 없이 그냥 배울 때와 전체적인 밑그림과 지도를 머릿속에서 한번 그리고 설명을 들을 때의 효과는 차이가 큽니다. 전체적인 밑그림을 먼저 듣게 되면 이후에 그 밑그림들이 어떻게 채워져 나가는지 신경 써서 적극적으로 듣게 되기 때문입니다. 글도 마찬가지입니다. 어떠한 내용을 본격적으로 설명하기 전에 읽는 이에게 밑그림과 지도를 그릴 기회를 선물하세요. 읽는 이는 글쓴이의 친절함 덕에 글을 더욱 집중해서 읽게 될 것입니다.

이제 본격적으로 자세한 내용을 적을 차례입니다. 항목별로 순서를 적어주면서 설명을 이어갑니다. 첫째, 둘째, 셋째. 이렇게 순서를 적어주면 읽는 이는 길을 잃지 않고 글을 읽어나갈 수 있습니다. 어떤 항목을 앞에다 두는 것이 효과적인가의 문제는 정답이 없습니다. 각자 추구하는 효과가 다르기 때문입니다. 중요한 항목일수록 앞에 배치할 때와 덜 중요한 항목일수록 앞에 배치할 경우의 글맛은 차이가 큽니다. 신문 기사의 경우 중요한 항목일수록 앞에 배치하는 경향이 있습니다. 신문 기사는 글의 효율성을 가장 중요시 하는 매체임으로 앞부분만 빠르게 읽어도 사안의 전체적인 내용을 확인할 수 있어야 하기 때문입니다.

갑국의 무역 정책의 불안 요소는 3가지다. 끊이지 않는 전쟁의 위험, 경쟁국들의 경제적 성장, 해외 소비자들의 취향 변화가 대표적인 불안 요소이다.

첫째, 갑국은 여전히 준전시 상황에 놓여있다. 내전으로 시작된 전쟁의 영향은 결국과 을국의 국경 분쟁으로 이어진 형국이다.

둘째, 경쟁국들의 경제 성장으로 갑국 수출품의 경쟁력이 떨어지고 있다.

셋째, 글로벌 소비자들의 소비 패턴의 변화 역시 갑국에 악재로 작용할 모양이다.

위의 글은 항목 중 가장 중요해 보이는 내용을 앞에 배치한 예시문입니다. 중요한 내용을 앞에 배치함으로써 글에 속도감을 더해줍니다. 중요한 내용을 이미 확인했으니 뒤에 나올 내용은 곁가지처럼 느껴지게 되기 때문입니다. "전쟁이 또 터질지 모르겠다는데, 갑국 경제는 망했네. 망했어. 다른 이유는 안 들어도 뻔하지. 큰일이네. 갑국 경제 무너지겠구나." 중요한 내용을 이미 확인한 읽는 이는 뒤의 내용을 보조적인 항목으로 인지하게 됩니다. 내용을 빠르게 전달하고 싶을 때는 중요한 항목일수록 앞에 배치하면 효과적입니다.

반면에 일반적인 리뷰 형식의 설명문의 경우 중요한 항목일수록 뒤에 배치하는 경향이 큽니다. 중요한 항목일수록 뒤로 배치하게 되면 글에 점진적인 긴장감을 불어넣을 수 있습니다.

도현전자 노트북을 구매해야 하는 이유는 크게 3가지다. 적은 발열, 높은 성능, 그리고 가성비다.

첫째, 도현전자의 노트북 발열은 현존하는 모든 경쟁 제품보다 매우 낮다. 이는 도현전자가 새롭게 도입한 기술력 덕이다.

둘째, 도현전자의 신형 노트북의 성능은 동급 모델 중에서 가장 압도적인 스펙을 보여준다. 더 높은 성능을 제공하면서 발열은 크게 발생하지 않아 더욱더 매력적이다.

셋째, 도현전자 노트북을 구매해야 할 결정적인 이유는 가격이다. 동급 노트북의 절반 가격에 출시되었다. 도현 전자는 노트북 시장의 게임 체인저가 되려는 의지를 강하게 표명했다.

읽는 이는 덜 중요한 항목에서 중요한 항목으로 제시된 글을 읽으면서 점점 흥미를 더 느끼게 되고 긴장감을 느끼게 됩니다. 점점 중요한 항목이 뒤에 나오니 뒤의 내용을 궁금해 하며 글을 읽게 됩니다. "아니, 이것만으로도 충분한데 더 중요한 이유가 있네?" 뒤로 갈수록 더 중요한 항목이 나온다는 것을 감지한 읽는 이는 글의 마지막 한 방이 무엇인지 기대하면서 글을 읽게 됩니다. 극적 효과를 주고 싶으면 중요한 항목일수록 뒤에 배치하면 효과적입니다.

　이제 마무리 단계입니다. 항목별로 자세하게 설명을 듣는 동안 읽는 이는 앞에 읽었던 항목들이 기억나지 않을 수 있습니다. 설명은 친절해야 합니다. 읽는 이에게 친절함을 선물하세요. 글의 전체적인 내용을 글 마무리 단계에 한 번 더 제시합니다. 그런데 글 서두의 형식을 그대로 복사해서 붙여 넣으면 글맛이 떨어지게 됩니다.

> 제주도 여행이 해외여행보다 좋은 이유는 4가지가 있다. 저렴한 비용, 현지인과의 소통, 쇼핑 접근성, 치안의 우수성 등이 대표적인 이유다.
>
> 첫째 ~
> 둘째 ~
> 셋째 ~
> 넷째 ~
>
> 이처럼 제주도 여행이 해외여행보다 좋은 이유는 4가지가 있다. 저렴한 비용, 현지인과의 소통, 쇼핑 접근성, 치안의 우수성 등이 대표적인 이유다.

　그렇다고 마무리 단계에서 글의 전체적인 내용을 정리하지 않을 수는 없습니다. 그건 친절하지 못한 설명이니까요. 그래서 약간의 변주를 주는 겁니다. 역순으로 정리해보거나 문장 표현에 변화를 주세요. 글맛이 살포시 살아납니다.

제주도 여행이 해외여행보다 좋은 이유는 4가지가 있다. 저렴한 비용, 현지인과의 소통, 쇼핑 접근성, 치안의 우수성 등이 대표적인 이유다.

첫째 ~

둘째 ~

셋째 ~

넷째 ~

저렴한 비용, 현지인과의 소통, 쇼핑 접근성, 치안의 우수성은 제주도 여행만의 장점이다.

지금까지 〈카테고리 글쓰기 공식〉의 기본형을 살펴보았습니다. 공식에 따라서 연습하기를 해볼까요?

연습하기

—✎ ○○ 맛집을 추천하는 이유

—✎ ○○ 여행지의 장점

—✎ ○○ 제품의 특징

—✎ ○학년 아이들의 일반적인 특성

🖋 카테고리 글쓰기 공식_확장형

앞서 말했듯 설명은 친절해야 합니다. 〈카테고리 글쓰기 공식〉을 활용한 설명은 참 친절합니다. 도입부에서 전체적인 밑그림을 읽는 이에게 선물해주면서 순서에 따라 항목별로 자세한 설명까지 제시합니다. 그리고 마무리로 한 번 더 정리해줍니다. 이보다 친절한 설명일 수 없습니다. 그러나 더 친절하게 설명할 방법이 있다면 마땅히 익혀야 하지 않을까요? 〈카테고리 글쓰기 공식_확장형〉은 읽는 이에게 친절함을 콸콸 넘쳐흐르게 선물하는 공식입니다. 우선 〈카테고리 글쓰기 공식_확장형〉의 순서를 살펴보겠습니다.

〈카테고리 글쓰기 공식_확장형〉의 첫 번째 단계는 설명하려는 대상이 무엇인지 배경 설명하기와 정의하기 입니다. 설명하려는 대상이 무엇인지도 모르는데 대상의 특성이 무엇인지 알고 싶어질까요? 알고 싶다 하더라도 제대로 이해할 수 있을까요? 그럼 '아크 리액터'를 설명하는 예시문을 도태로 설명을 이어나가 보겠습니다.

> 아크 리액터의 특징은 크게 3가지가 있다. 높은 출력량, 전력 치환 효율성, 안정성 등이 대표적인 특징이다.

제 생각보다 훨씬 더 많은 선생님께서 이 예시문을 읽으시면서 이런 질문을 던지지 않으셨을까요?

"아크⋯. 리액터가 뭔데?"

'아크 리액터'가 무엇인지 모르는 읽는 이에게 아크 리액터의 특징이 무슨 소용 있을까요. 예시문을 수정해 보겠습니다.

> 아크 리액터란 토니 스타크가 아이언맨을 작동시킬 때 사용하는 동력원이다. 아크 리액터의 특징은 크게 3가지가 있다. 높은 출력량, 전력 치환 효율성, 안정성 등이 대표적인 특징이다.

마블 코믹스의 주요 캐릭터인 아이언맨이 사용하는 에너지원이 아크 리액터라는 설명을 듣고 나서야 글을 읽을 마음이 조금 생겨납니다. 그런데 여전히 읽는 이는 불만입니다. "아크 리액터가 뭔지는 대충 알겠다, 이거야. 근데 내가 왜 굳이 시간을 내서 이 설명을 들어야 하는 거지?" 하면서 글을 떠나려 할지 모릅니다. 그래서 글의 서두에 설명하려는 대상을 둘러싼 배경도 함께 설명합니다. 읽는 이가 왜 이 내용을 알아야 하는지를 알려주기 위해서입니다. 모든 글의 서두를 쓸 때는 읽는 이를 유혹하는 데 온 힘을 다해야 합니다. 그래서 글 서두에는 설명하려는 대상을 왜 알아야 하는지 배경을 설명해 주어야 합니다. 그럼, 예시문을 수정해 보겠습니다.

최근 친환경 에너지에 관한 관심이 어느 때 보다 뜨겁다. 친환경 에너지 개발의 대표적 대안으로 아크 리액터가 주목을 받고 있다. 아크 리액터란 토니 스타크가 아이언맨을 작동시킬 때 사용하는 동력원이다. 아크 리액터의 특징은 크게 3가지가 있다. 높은 출력량, 전력 치환 효율성, 안정성 등이 대표적인 특징이다.

설명하려는 대상의 배경을 제시하면서 읽는 이를 유혹해 보세요. 읽는 이가 왜 이 글을 읽어야 하는지 절박하고 겸손하면서도 친절한 태도로 손님을 붙잡으세요. 그리고 지금부터 설명하려는 대상이 무엇인지 간결하고 친절하게 설명해 보세요.

이어서 단점을 극복할 방안을 제시합니다. 설명하려는 대상이 안고 있는 문제점까지 들려주게 되면 글의 신뢰감이 높아집니다. 이 세상에 완전한 제품, 온전한 정책, 완벽한 사람은 없습니다. 장점만 가진 것도 없으며 반대로 단점만 가진 것도 없습니다. 설명의 대상이 가진 단점을 제시하게 되면 읽는 이는 대상을 입체적으로 바라볼 기회를 얻습니다. 그리고 글 너머에 있는 읽는 이를 지그시 바라보며 생각하겠죠. 예시문을 한번 살펴보겠습니다.

하지만 아크 리액터가 상용화되기까지는 요원해 보인다. 아크 리액터의 작동 원리를 토니 스타크만이 알기 때문이다. 토니 스타크는 아크 리액터 기술이 무기화되거나 테러 세력의 동력원으로 악용될 소지가 있다며 기술 공개를 꺼리고 있다.

읽는 이는 고개를 끄덕이며 '마냥 좋은 줄만 알았더니 이런 문제도 있었구나'라고 혼잣말을 할지 모릅니다. 바로 이때, 이 문제점을 극복할 방안까지 제시한다면 읽는 이들은 글쓴이의 친절함에 열광할지 모릅니다. 세상에 이렇게 친절한 글쓴이를 내가 만나게 되다니!

세계 국가 정상들은 아크 리액터의 악용 사례에 국제적인 공조를 통해 막아낼 것을 서둘러 명시적으로 협약을 맺어야 한다. 토니 스타크 역시 인류 공존의 가치를 위해 기술 공개를 과감하게 결정해야 한다.

끝으로 구체적인 제안을 던지면 더욱 좋겠죠? 글의 최종 목표가 무엇이었는지 기억하시나요. 글을 읽은 사람의 머리와 마음을 흔들고 행동에 변화를 주고 궁극적으로 삶을 변화시키기. 대상의 특성만을 설명한 글의 읽는 이는 고개를 갸우뚱하며 글 너머에 있는 글쓴이에게 푸념을 던집니다. "아니, 알겠는데. 그래서 어쩌자고?" 글의 최종 목표를 달성하기 위해 글의 마무리 단계에서 '그래서 어쩌자고?'에 대답하기 위해 구체적 제안을 제시합니다.

> 아크 리액터는 인류의 에너지 생존권의 마지막 보루이자 첫 번째 희
> 망이다. 한국 정부는 어벤져스와 전략적 제휴를 선제적으로 맺어 아크
> 리액터를 국내에 속히 도입해야 한다.

지금까지 〈카테고리 글쓰기 공식_확장형〉을 살펴보았습니다. 기
본형 공식에 따라 쓴 글 앞뒤에 확장형 공식을 얹어서 글을 수정해볼
까요?

연습하기

— 🖉 ○○ 맛집을 추천하는 이유

— 🖉 ○○ 여행지의 장점

— 🖉 ○○ 제품의 특징

4 상대의 마음을 사르르 녹이는, 설득력 있는 글쓰기

설득력 있는 글쓰기 공식

Step 1. 의견은 부드럽게 제시하기

Step 2. 내 의견에 불리한 근거 제시하기

Step 3. 내 의견에 유리한 근거 제시하기

Step 4. 마무리 (정리. 단점 수습. 구체적 제안)

〈설득력 있는 글쓰기 공식〉의 쓸모

우선 〈설득력 있는 글쓰기 공식〉을 간단하게 살펴볼까요? 설득력 있는 글쓰기를 위해서는 자신의 의견을 먼저 제시합니다. 이때 최대한 부드러운 어조를 사용합니다. 내 의견을 반대하는 사람들의 반발심을 조금이라도 누그러뜨리기 위해서입니다. 그리고 내 의견의 장점을 제시하는 것이 아니라, 내 의견에 불리한 근거를 먼저 제시합니다. 이러한 문제점이 있음을 나도 알고 있다는 신호를 보내주어 읽는 이의 반발심을 줄이고, 내 의견의 장점은 무엇인지 기대감을 높이기 위해서입니다.

이후에 내 의견에 유리한 근거를 제시합니다. 마무리 단계에서는 자신의 의견을 전체적으로 정리해서 제시한 후, 앞에서 고백한 내 의견의 단점을 어떻게 수습할지 서술합니다. 끝으로 자신의 의견을 실현할 수 있는 구체적인 제안을 제시합니다.

〈설득력 있는 글쓰기 공식〉의 '쓸모'는 크게 3가지가 있습니다. 설득력 있는 글을 쉽게 작성하기, 아이들의 의사소통 능력을 키워주기, 다른 글쓰기 공식에 덧붙여 활용하기 등의 '쓸모'가 있습니다. 우선, 공식의 이름처럼 읽는 이를 설득하는 글을 쉽게 쓸 수 있습니다. 또, 〈설득력 있는 글쓰기 공식〉은 곧 〈설득력 있는 말하기 공식〉으로도 사용할 수 있습니다. 우리 선생님들이 자주 겪는 '설득' 상황에서 〈설득력 있는 글쓰기 공식〉은 많은 도움을 줍니다.

〈설득력 있는 글쓰기 공식〉을 아이들에게 알려주면 아이들의 의사소통 능력을 높여줄 수 있습니다. 토론 수업이나 발표 수업 때 자신의 의견을 논리적으로 제시하는 데 많은 도움을 얻을 수 있습니다. 이 공식은 다른 글쓰기 공식에 덧붙여서 활용할 수도 있습니다. 마치 블록 장난감처럼 다른 글쓰기 공식에 〈설득력 있는 글쓰기 공식〉을 더해서 글을 더욱 풍성하게 조립해 나갈 수 있습니다. 설득력 높은 글을 쉽게 작성하기, 아이들의 의사소통 능력을 키워주기, 다른 글쓰기 공식에 덧붙여 활용하기 등이 〈설득력 있는 글쓰기 공식〉의 쓸모들입니다. '쓸모' 많은 〈설득력 있는 글쓰기 공식〉을 함께 알아볼까요?

✍ 좋은 예시문 vs 덜 좋은 예시문

우선 설명에 앞서 〈설득력 있는 글쓰기 공식〉에 맞춰서 쓴 예시 글을 살펴볼까요?

상황 중소기업 에어컨을 판매하는 영업 사원

무더운 더위의 스트레스를 가성비와 함께 시원하게 이겨내고 싶으시다면, 저희 에어컨을 고민해보시죠.

물론 우리 회사 제품은 대기업 제품과 비교해 냉각 속도나 부가 기능 면에서 조금 아쉬운 부분이 있는 점은 사실입니다.

하지만 저성장 저소득 시대에 우리가 성능만큼 고민해야 할 것은 가격 대비 성능, 가성비 아닐까요? 대기업 제품 대비 매우 저렴한 가격에 유사한 성능을 제공하는 저희 제품이 대안이 되리라 생각합니다.

견고한 제품 품질과 가성비가 함께하는 저희 제품을 장만해 보세요. 지금 구매하시면, 냉각 효율을 더 높여드리기 위해 강력한 송풍기를 함께 제공해 드리고 있습니다. 우선 상담부터 받아 보시죠.

　느낌이 어떤가요? 당장 에어컨을 살지는 몰라도, 상담은 받아 보고 싶은 마음이 들지 않으신가요? 이번에는 〈설득력 있는 글쓰기 공식〉을

지키지 않은 예시문을 살펴보겠습니다.

> 고객님. 우리 회사 에어컨을 무조건 사셔야 합니다. 제가 강력히 권해드립니다.
>
> 저성장 저소득 시대에 우리가 성능만큼 고민해야 할 것은 가격 대비 성능, 가성비 아닐까요? 대기업 제품 대비 매우 저렴한 가격에 유사한 성능을 제공하는 저희 제품이 대안이 되리라 생각합니다.
>
> 하나 장만하시죠. 지금 안사시면 두고두고 후회하실 겁니다.

〈설득력 있는 글쓰기 공식〉에 따라 쓴 예시문과 비교해보면 어떠신가요? 자신의 의견을 강하게 주장하는 모습에서 신뢰감을 느꼈을 수도 있습니다. 하지만 자신의 주장을 강하게 주장하는 모습은 때에 따라 거부감을 일으킵니다. 자신의 의견은 맞고, 다른 의견은 틀렸다고 말하는 것처럼 들릴 수도 있기 때문입니다. 자사 제품의 장점만을 소개했습니다. 자기 의견의 장점만을 제시하게 되면 듣는이(읽는 이)는 합리적인 의문을 던질 수밖에 없습니다. 이 세상에 완벽한 제품이란 존재하지 않습니다. 모든 제품은 장단점을 함께 가지고 있습니다.

"음…. 알겠는데요. 가격이 싼 만큼, 대기업 제품보다 성능이 떨어지는 건 아닌가요?" 소비자가 이렇게 질문을 던지게 되면, 이후의 설명은 변명으로 들릴 수 있습니다. 자기 의견에 장점만을 제시하게 되면 읽는 이들은 합리적 의심을 하게 됩니다. 의심이 드는 순간부터 설득력은 떨어지게 됩니다. 이번에는 단점 제시와 장점 제시의 순서가 바뀐 경우의 예시문을 볼까요?

무더운 더위의 스트레스를 가성비와 함께 시원하게 이겨내고 싶으시다면, 저희 에어컨을 고민해보시죠.

저성장 저소득 시대에 우리가 성능만큼 고민해야 할 것은 가격 대비 성능, 가성비 아닐까요? 대기업 제품 대비 매우 저렴한 가격에 유사한 성능을 제공하는 저희 제품이 대안이 되리라 생각합니다.

물론 우리 회사 제품은 대기업 제품과 비교해 냉각 속도나 부가 기능 면에서 조금 아쉬운 부분이 있는 점은 사실입니다.

견고한 제품 품질과 가성비가 함께하는 저희 제품을 장만해 보세요. 지금 구매하시면, 냉각 효율을 더 높여드리기 위해 강력한 송풍기를 함께 제공해 드리고 있습니다. 우선 상담부터 받아 보시죠.

제품의 장점을 먼저 듣게 되면 기대치가 높아지겠죠? 그런데 뒤에 제품의 단점을 듣게 되면 마음이 흔들리게 됩니다. 물론 압도적인 장점을 제시했을 때는 뒤이어 제시한 단점이 아주 사소해 보일 수도 있습니다. 하지만 장점을 먼저 확인하고 단점을 나중에 알게 되면 설득력이 떨어질 수밖에 없습니다. 단점을 먼저 확인하고 장점을 나중에 알게 될 때

설득력이 높아지게 될까요? 이제 〈설득력 있는 글쓰기 공식〉을 자세하게 살펴보면서 그 이유를 확인해보겠습니다.

Step 1 의견은 부드럽게 제시하기 : 생각부터 먼저 들이밀기

가장 먼저 자신의 주장을 제시합니다. 주장을 제시할 때는 최대한 부드러운 어투로 서술합니다. 글 서두에 주장을 먼저 서술하는 이유는 두 가지입니다. 읽는 이 (듣는 이)와 쓰는 이(말하는 이)를 위해서입니다.

첫째, 글을 읽거나 말을 듣는 사람에게 생각할 시간을 주어야 하기 때문입니다. 설득력 있는 글쓰기/말하기 공식을 사용해서 소통하는 상황이라면, 당연히 상대방을 설득하고 있겠죠? 설득이란, 나와 다른 의견을 가진 사람에게 내 의견을 알아달라고 요청하는 일련의 과정입니다. 이야기를 듣는 사람이 원하는 순서는 무엇일까요? 자신의 견해를 먼저 밝히고 나서 이야기를 풀어나가길 바랄까요? 아니면 도대체 하고 싶은 말이 뭔지 알 수 없는 상태에서 이야기를 풀어나가길 바랄까요? 상대의 입장을 확실하게 알고 있어야 동조할지 비판할지 결정할 수 있습니다. 동조하고 싶은 경우라면, 장점의 가치가 어느 정도인지 집중해서 들으려 하겠죠. 비판하고 싶은 경우라면, 단점의 가치를 어떻게 극복할 것인지 주목하고자 할 겁니다. 자신의 주장을 먼저 제시해야 하는 이유는, 글을 읽거나 말을 듣는 사람을 배려하기 위해서입니다. 생각할 시간을 주어야 설득력도 생기는 법입니다.

고등학교 선생님은 수험생 제자들의 면접 준비를 도와줘야 할 때가 많습니다. 수험생 제자들에게 이 말을 꼭 알려주세요. 어떤 유형의 면접

이든, 반드시 자신의 주장이나 의견을 가장 먼저 제시해야 한다고 말입니다.

학교 수시 면접 상황에서 교수님이 이런 질문을 했다고 가정해 보겠습니다. "최근 입시에 있어 공정성을 높이기 위해서, 정시 비중을 높이고 수시 비중을 줄이는 정책에 관해서 어떻게 생각하나요?"

이 질문에 첫 번째 학생은 이렇게 대답했습니다. "저는 정시 비중을 높이는 정책이 오히려 공정성을 크게 훼손한다고 생각합니다. 물론, 수시는 많은 문제점을 안고 있습니다. 고등학교마다 재학생들의 학업 능력이 달라 내신 비교가 공정해 보이지 않을 수도 있습니다. 생활기록부의 기재 사항도 각 학교 교사들의 수준에 영향을 크게 받는 것 역시 공정성 문제에서 벗어날 수 없습니다. 하지만 그렇다고 해서 정시 선발이 더 공정하다고 볼 수는 없습니다. 현재 수능 문제의 난이도는 학교 수업만으로 도저히 풀 수 없습니다. 학교 선생님들의 실력이 떨어진다는 문제가 아니라고 생각합니다. 초등학생 때부터 고액의 선행 학습을 받은 학생들은 당연히 수능 문제 적응력이 높습니다. 변별력을 얻기 위해서는 문제 난이도를 높일 수밖에 없습니다. 즉, 공정하다고 생각했던 정시의 내면에는 고액의 선행 학습비를 감당할 수 있는 가정에서 태어난 학생들과 그렇지 못한 학생 간에 격차가 벌어지고 있는 문제가 있다고 생각합니다. 결국, 가정 형편과 안정적인 가정 문화를 누리는 학생들에게는 유리하게 됩니다. 공정성의 잣대로 수시와 정시를 저울질해야 한다면, 저는 정시가 오히려 불공정한 입시제도라고 생각합니다. 물론, 수시 역시 공정성 문제를 해결하기 위해 큰 노력이 필요하다고 생각합니다.

하지만 저는 보다 근본적인 질문을 던지고 싶습니다. 공교육의 본래 목적은 무엇이었는지, 학교란 무엇인지, 어느 제도가 12년의 초중고 학교 교육을 정상화하는 데 이바지할 수 있을지에 관한 범국민적인 토론이 선행되어야 한다고 생각합니다."

두 번째 학생은 이렇게 대답했습니다. "네. 수시 제도란 학교 교내 활동이 우수한 학생을 선발하는 제도로서 학교 교육의 정상화, 전인적인 학습 능력을 갖춘 학생들을 선발하기 위한 제도를 말합니다. 하지만 최근 이 제도의 도입 취지와 다르게 공정성의 문제가 불거지기도 했습니다. 또한, 학사 비리에 쉽게 노출되기도 한 약점이 있습니다. 하지만 정시 제도가 과연 공정한가에 관한 의문도 있습니다. 정시란 수능 위주로 선발하는 제도입니다. 정시 제도는 전국의 모든 수험생이 같은 시험 문제를 풀고 같은 기준에서 성적이 나오기 때문에 공정성이 강화되는 제도입니다. 하지만 사교육을 조장한다는 비판이 있습니다. 그러나 수시도 사교육의 영향에서 완전히 자유롭지 못합니다. 수시는 수시로 뽑고 정시는 정시에 뽑습니다."

과연 교수님은 어느 학생의 의견을 귀담아듣고, 어느 학생의 의견을 듣다가 스멀스멀 올라오는 짜증을 느꼈을까요? 교수님은 학생의 주장을 먼저 확인해야, 자신의 주장을 뒷받침하기 위해 학생이 어떤 근거를 제시하는지 점검할 수 있습니다. 때에 따라서 제시한 근거의 문제점을 지적하면서 추가 질문을 할 수 있겠죠. 또는 학생의 주장과 반대되는 근거를 제시하면서 학생의 반응을 살펴보려 할 겁니다. 그런데, 자신의 의견을 먼저 제시하지 않고 이야기를 풀어나가게 되면 이야기를 듣는 이는 집중력을 잃게 됩니다. 어쩌면 짜증이 날 수도 있겠죠. 그렇게 되면, 설득력을 점점 잃어가게 됩니다.

〈설득력 있는 글쓰기 공식〉에서 자기 의견을 가장 먼저 제시해야 하는 두 번째 이유는 쓰는 이(말하는 이)를 위해서입니다. 자신의 의견을 먼저 제시하게 되면, 앞으로 어떻게 글과 말을 이어나가야 할지 방향이 명확해집니다. 면접 상황을 가정해 봅시다. 수험생들은 짧은 면접 시간 동안 자신의 모든 것을 보여주어야 합니다. 면접 결과에 따라 당락이 결정된다는 사실을 알기에 심장은 요동치고 정신은 혼미해집니다. 마음이 여린 친구는 긴장감에 자신이 조금 전 무슨 말을 했는지도 기억 못 하는 경우가 많습니다. 교수님의 질문에 명료하게 대답하지 못하고 논지가 이리저리 왔다 갔다 하는 경우도 많습니다. 하지만 자신의 의견(결론, 주장)을 먼저 제시하면 이를 뒷받침해줄 근거와 사례를 제시하면 된다는 방향이 명확해집니다. 그래서 저는 면접을 준비하는 학생들에게 꼭 강조합니다.

"어떤 유형의 질문이 나온다고 하더라도, 무조건, 반드시, 꼭 결론부터 제시하고 말을 이어나가야 해. 안 그러면 길을 잃게 돼. 일단 결론부터 던지고 나면, 이제는 뭐만 하면 될까? 그래! 이젠 네 말에 수습만 하면 되는 거야. 수습은 설득력 있는 말하기 공식을 그대로 써. 우선 네 의견에 불리한 근거를 대고, 다음에 네 의견에 유리한 근거를 대고. 이 공식을 우리가 아무리 외운다고 해도, 첫 단추를 제대로 끼우지 못하면 생각과 말이 엉키게 돼. 용기를 내서, 죽이 되든 밥이 되든! 우선 결론부터 던져야 해! 그래야 길을 잃지 않는다는 걸 명심해야 해."

설득력 있는 글쓰기도 마찬가지입니다. 자신의 의견부터 제시하게 되면 뒤에 어떤 내용을 적어야 할지 길이 보입니다. 글 전체에 방향이 보이고, 통일성이 생깁니다. 가장 먼저 제시한 자신의 의견을 뒷받침하는 근거들을 제시하면서 글을 채워나갑니다. 글 전체가 하나의 주제 의식을 향해 달려 나가는 겁니다. 자신의 주장을 먼저 제시하겠다는 것을 알겠는데, 그렇다면 왜 부드럽게 제시해야 할까요?

자신의 의견을 '부드럽게' 제시해야 하는 이유는 크게 두 가지입니다. 읽는 이를 도발하지 않기 위해서 그리고 토론의 본래 가치를 살리기 위해서입니다. 읽는 이를 최대한 도발하지 않아야 나의 글과 말에 귀를 닫지 않습니다. 강하고 분명한 어조로 글과 말을 시작하게 되면 내 의견에 반대하는 사람들을 '도발'하게 됩니다. 물론 글쓰기 관련 책들을 읽어보면 많은 글쓴이가 비슷한 의견을 제시합니다.

- 명확하게 자신의 의견을 밝혀야 한다.
- 결론부터 서술하라.

자신의 의견을 분명하게 밝히고 글을 이어나가면 글에 힘이 생깁니다. 글 전체에 글쓴이의 자신감이 넘쳐흐르고 글의 방향성이 명확해집니다. 속 시원한 글을 쓸 수 있습니다. 그리하여 글에 신뢰감이 생기고 설득력이 높아집니다.

하지만, 서두에 자신의 의견을 너무 강하게 제시하게 되면 감당해야 하는 비용도 있습니다. 성질 급한 사람 중에는 남의 글이나 말을 끝까지 경청하지 않으려는 사람이 참 많습니다. 문해력이 떨어지는 수준을 넘어서 '난독증'에 빠진 사람도 있습니다. 글의 제목이나 앞부분의 결론만 읽고는 그대로 화면을 내려서 분노의 댓글부터 달려는 사람이 참 많아졌습니다. 글을 다 읽기도 전에 '분명하고 강한 어조로 제시된' 글쓴이의 결론을 읽자마자 기분이 불쾌해지면서 아예 글을 읽으려 하지 않는 이들도 참 많아졌습니다.

자신의 의견을 부드럽게 제시해야하는 첫 번째 이유는, 내 의견을 탐탁히 여기지 않는 이의 마음을 덜 자극하기 위해서입니다. 일단 내가 쓴 글을 읽게 해야 설득하든 설명을 할 수 있겠죠. 물론 매우 중차대한 정책을 논하는 경우라면 강하고 분명한 어조로 내 의견을 밝혀야겠죠. 하지만 너무 강한 어조로 글과 말을 시작하게 되면 내 이야기를 끝까지 들어주지 않고 마음의 문을 닫아버리게 합니다.

그래서, 시작은 부드럽게 시작하는 것이 좋습니다. 그리고 〈설득력 있는 글쓰기 공식〉의 순서에 따라 글을 전개한 뒤에, 맨 마지막 단계에서 분명하고 단호한 어조로 다시 한 번 자신의 의견을 제시하면 어떨까요? 시작은 부드럽게, 마무리는 분명하게! 잊지 마세요.

자신의 의견을 부드럽게 제시하는 두 번째 이유는 토론의 본래 가치를 살리기 위해서입니다. 많은 아이가 토론이란 자신의 의견을 밀어붙여서 상대의 의견을 이기는 것이라 오해하곤 합니다. 토론 자체를 말싸움으로 인식하는 때도 있습니다. 토론은 내 의견이 옳고 상대의 의견은 틀렸다는 전제에서 펼쳐지는 논쟁이 아닙니다. 토론은 서로 다른 의견이 만나 서로의 부족한 점을 채워주고 조금씩 양보하면서 더 나은 결론을 찾아가는 과정입니다. 강한 어조로 자신의 주장을 제시하면서 말과 글을 열게 되면, 상대에 따라 이를 '선전포고'로 받아들이는 경우가 많습니다. 자연스레 '반격'을 준비하게 됩니다. 화자 역시 강한 어조로 자신의 의견을 제시하면서 자기도 모르게 말과 글이 전투적으로 변하게 됩니다.

내 의견이 옳다 혹은 당신의 의견은 틀렸다의 분위기가 형성되면 토론 분위기는 점점 험악해지고 '설득'은 사라지며 '설전'만 남게 됩니다. 토론의 본래 가치를 살리기 위해 글과 말의 서두는 부드러운 어조로 채워나가세요. 나의 의견도 틀릴 수 있고, 당신의 의견을 받아들일 준비가 되어있다는 신호를 보내는 겁니다. 내 의견을 뒷받침하는 근거를 제시하다 보면 자연스레 내 의견에 무게가 실리게 됩니다. 그리고 자연스레 설득력도 올라가겠지요. 내 주장을 강하게 말하는 것이 내 주장에 강한 설득력을 불러오는 것이 아닙니다. 설득력은 가치 있는 근거를 제시할 때 생깁니다. 강한 어조로 글과 말을 시작하게 되면 청자를 도발하게 되어 마음과 귀를 닫게 합니다. 그리고 토론의 본래 가치가 희미해지고 감정싸움만 남게 될 수 있습니다. 시작은 부드럽게 하되 주장하는 바는 논리정연하게 써주세요. 읽는 이를 도발하지 않고 차분히 내 이야기에 귀를 열게 하려고, 또 토론의 본래 가치를 살리기 위해서 글의 시작은 부드러운 어조로 자신의 의견을 제시합니다.

강한 어조	부드러운 어조
우리 반 학급 이벤트 시간에 고기 파티를 해야 합니다.	우리 반 학급 이벤트 시간에 고기 파티를 해야 한다고 생각합니다.
전입 교사 환영식을 취소합시다.	전입 교사 환영식을 잠정 보류하는 것이 어떨까요?
학생들의 인성 발달을 위해 반드시 인권 교육 시간을 늘려야만 합니다.	인권 교육 시간을 늘리는 정책이 학생들의 인성 발달에 도움 되지 않을까요?
이번 체육대회는 고3 학생들도 동참시켜야 합니다.	이번 체육대회는 고3 학생들도 동참시켰으면 좋겠습니다.
실내에서 운동화를 신을 수 있도록 교칙을 개정해야 합니다.	실내에서 운동화를 신을 수 있도록 교칙을 변경하는 건에 관해서 함께 고민했으면 합니다.
교직원 전체를 한자리에 모아서 진행하는 연수 문화는 사라져야 합니다.	교직원 전체를 한자리에 모아서 진행하는 연수 문화에 대해 다시 한 번 생각해주셨으면 합니다.

Step 2 내 의견에 불리한 근거 제시하기

자신에게 유리한 근거를 제시하기 전에, 자신에게 불리한 근거를 먼저 제시하는 이유는 두 가지입니다. 읽는 이의 반감을 누그러뜨리려 그리고 읽는 이에게 기대감을 주기 위해서입니다.

내 의견에 불리한 근거를 먼저 제시하게 되면 내 의견에 동의하지 않는 사람의 반발심을 누그러뜨릴 수 있습니다. 글쓴이 역시 자신의 의견에도 문제점이 있음을 인정하게 되면 읽는 이의 공격적인 태도를 누그러뜨릴 수 있습니다. 〈설득력 있는 글쓰기 공식〉의 첫 번째 단계는 '자신의 의견을 부드럽게 제시하기'였죠? 읽는 이는 이미 글쓴이의 주장을 알고 있습니다. 글쓴이의 생각에 동의하지 않는 사람은 시작부터 공격적인 자세로 글을 읽으려 합니다. 만약 말하기 상황이었다면 말하는 이의 주장을 듣자마자 바로 반론부터 제기하려고 할지 모릅니다. 세상에는 다양한 사람들이 참 많으니까요. 그런데, 갑자기 예상외의 상황이 펼쳐집니다.

"물론, 내 의견에는 이런 문제점이 있어."

글쓴이의 의견에 동의하지 않던 읽는 이는 이 문장을 보는 순간 멈칫하게 됩니다. 자신의 의견을 뒷받침하는 근거를 제시하지 않고, 자신의 의견에 불리한 근거와 이유를 제시하게 되면 글쓴이가 생각보다 꽉막힌 사람이 아니라는 생각이 듭니다. 자신의 의견이 무조건 옳다고 우기는 사람이 아니라는 것을 확인하게 되면 자연스레 공격적인 태도는 줄어들게 됩니다.

그리고 또 한 가지 효과가 있습니다. 읽는 이가 공격하려는 포인트를 글쓴이가 먼저 고백해버리게 되면 김이 빠져버립니다. 할 말이 없어지게 됩니다. 유명한 힙합 뮤지션의 무명 시절 삶을 그린 영화가 있습니다. 이 영화에서 주인공은 라이벌과 랩 베틀을 벌입니다. 상대방의 단점과 문제점을 마구 들춰내 리듬에 맞춰 랩을 쏟아내는 경연 방식입니다.

주인공은 언제나 라이벌 가수에게 패배합니다. 그러던 어느 날 주인공은 다시 라이벌에게 랩 베틀을 도전합니다. 라이벌 가수가 마이크를 먼저 잡고 주인공을 공격하려는 찰나에 갑자기 주인공이 마이크를 뺏어 랩을 시작합니다. 그런데, 라이벌의 단점과 문제점을 지적하는 것이 아니라 자기 자신의 모든 치부를 드러냅니다. 출생의 비밀, 인종 문제, 랩 기술의 문제, 연인 문제, 경제 형편 등 자신이 가진 모든 문제와 단점을 속사포처럼 쏟아냅니다. 그리고는 마이크를 라이벌에게 던집니다.

"더 할 말 있어?"

라이벌은 자신이 공격하려던 모든 포인트를 주인공이 먼저 랩으로 쏟아내자 멍하니 서 있어야 했습니다. 이제 뭘 어떻게 공격해야 할지 몰랐기 때문이죠. 그리고 주인공은 쿨하게 뒤로 돌아 공연장을 나서면서 영화는 막을 내립니다. 자신의 의견에도 문제점과 단점이 있다는 것을 먼저 고백하게 되면 '꽉 막혀있지 않은 사람'임을 어필할 수 있고, 읽는 이의 공격 포인트를 뺏어올 수 있습니다. 그 결과 내 의견에 동의하지 않는 사람의 반발심을 누그러뜨릴 수 있게 됩니다.

자기 의견에 불리한 근거를 먼저 제시하는 두 번째 이유는 읽는 이에게 기대감을 주기 위해서입니다. "이런 단점이 있는데도 왜 저 의견을 주장하는 거지?", "뭔가 더 큰 한방이 있는 건가?" 하는 생각을 심어줍니다. 이 세상에 완벽한 선택은 없습니다. 선택을 통해 얻어낼 수 있는 편익이 있다면, 반대편에는 선택으로 인해 감당해야 할 기회비용이 존재합니다. 합리적인 선택이란 완전한 편익과 기회비용이 0인 선택을 고르는 마법을 의미하지 않습니다. 합리적인 선택이란 편익이 기회비용보다 큰 선택을 말합니다. 자신에게 유리한 근거가 편익이라면, 자신에게 불리한 근거는 기회비용입니다. 〈설득력 있는 글쓰기 공식〉의 첫 번째 단계에서 자신의 주장을 부드럽게 제시했습니다. 그리고 두 번째 단계에서 자신에게 불리한 근거를 먼저 제시했습니다. 이 대목에서 읽는 이(또는 청자)는 이런 생각을 하게 됩니다. "생각보다 꽉 막힌 사람은 아닌 듯한데…. 그런데 이런 문제점들이 있음에도 이런 주장을 한다는 건…. 뭔가 들을만한 이유가 있지 않을까?"

설득력을 높이기 위해서는 우선 상대의 반발심을 누그러뜨려야 합니다. 그래야 나의 말을 들어줄 여유가 생기니까요. 자신의 의견을 부드럽게 제시했습니다. 그리고 내 의견에도 문제가 있음을 먼저 고백했습니다. 듣는 이들의 마음을 이제 살포시 열었습니다. 이제 모든 선행 작업은 마쳤습니다. 이제 본격적으로 내 의견에 유리한 근거를 제시하면서 상대를 설득할 시간입니다.

Step 3 내 의견에 유리한 근거 제시하기

이제 내 의견을 뒷받침할 수 있는 근거를 제시합니다. 내 의견이 더 좋은 이유, 이를 뒷받침하는 사례들을 하나씩 제시합니다. 이때 중요한 규칙이 있습니다. 내 의견의 장점이 주는 가치는 내 의견의 단점이 주는 가치보다 커야 합니다. 합리적 선택의 기준은 편익의 가치가 기회비용의 가치보다 크냐 작으냐에 달려있습니다. 내 의견의 장점이 주는 가치가, 내 의견의 단점의 가치보다 작다면 설득력은 전혀 생기지 않습니다. 〈설득력 있는 글쓰기 공식〉에 따라 쓴 예시문을 살펴보겠습니다.

❶ 앞으로 우리 반 친구들이 수업 시간에 떠들 때마다 벌금으로 3억씩 내도록 하자.

❷ 물론 한번 떠들 때마다 3억씩 벌금을 내게 되면 여러분 부모님은 파산하게 될 거야. 몇몇은 전학을 가야 할지도 몰라.

❸ 하지만 우리가 조용한 분위기에 수업하는 게 더 중요하지 않겠니?

❹ 우리 반 정숙을 위해서는 3억 벌금 제도를 도입해야 해. 각자 마이너스 통장들 미리미리 준비해둬. 우선 내일 아침 등교 시간부터 벌금제도를 시작하자.

궤변도 이런 궤변이 없겠죠? 수업 시간에 소란을 피웠다는 이유로 거금 3억 원을 걷겠다니? 위 예시문에 설득력이 전혀 없고 황당함만 가득한 이유를 분석해볼까요?

내 의견의 장점의 가치	내 의견의 단점의 가치
수업 시간이 조용해져서 학습 효율을 높일 수 있다.	벌금 액수가 너무 커 지불이 어려울 수 있다.

누가 봐도 학습 효율의 가치는 거금 3억 원보다 크지 않습니다. 장점의 가치가 단점의 가치보다 작습니다. 즉 편익의 가치가 기회비용의 가치보다 훨씬 작습니다. 전형적인 비합리적인 선택입니다. 내 의견의 장점이 주는 가치는 내 의견의 단점이 주는 가치보다 반드시 커야 합니다. 아이들에게 〈설득력 있는 글쓰기 공식〉을 설명할 때 이점을 꼭 강조해주세요.

"만약 자신의 의견을 뒷받침해 줄 장점들 즉 근거들을 찾아낼 수 없다면 어떻게 해야 할까요? 내 의견의 장점이 주는 가치보다 단점의 가치가 너무 크다면 그땐 어떻게 해야 할까요? 아무리 이리저리 조사해봐도 다른 의견의 가치가 더 크다면? 그때는, 자신의 의견을 내려놓을 줄 알아야 합니다. 상대의 의견을 따를 줄 알아야 한답니다. 토론이란 내가 무조건 이겨야 하는 말싸움이 아니에요. 더 나은 의견을 찾아가는 과정입니다. 토론은 내 주장을 무조건 밀어붙여야 하는 것이 아니라, 어느 근거가 더 가치 있는지를 함께 고민하는 과정입니다. 상대의 의견에 더 많은 가치가 있다면? 그때는 다른 의견에 따르세요. 자신의 의견을 굽힐 줄 아는 용기 있는 사람이 멋진 사람입니다. 그것이 멋진 토론이랍니다."

내 의견에 유리한 근거는 어떤 것들이 있을까요? 내 의견의 장점 또는 상대 의견의 단점이겠죠? 회식 메뉴로 삼겹살을 고를지 와인바를 선택할지 상황으로 예시를 들어보겠습니다. 나는 삼겹살 회식을 원한다고 해보죠. 삼겹살 회식이 주는 장점들이겠죠? 삼겹살 회식이 이렇게 좋으니 우리는 삼겹살집에 가야 한다고 주장할 수 있습니다. 또는 와인바의 단점을 제시할 수도 있습니다. 와인바가 이렇게 안 좋으니 삼겹살 집으로 가야 한다고 주장할 수 있을 테니까요. 반대의 경우도 한번 고민해볼까요? 내 의견에 불리한 근거는 어떤 것들이 있을까요? 내 의견의 단점 또는 상대 의견의 장점이겠죠? 삼겹살 회식이 주는 단점들이겠죠? 또는 와인바의 장점을 제시할 수도 있습니다. 표로 정리해보면 이렇습니다.

내 의견에 불리한 근거	내 의견에 유리한 근거
내 의견의 단점 제시	내 의견의 장점 제시
상대 의견의 장점 제시	상대 의견의 단점 제시

여기서 한 가지 기억해두면 좋은 팁이 있습니다. 자신에게 불리한 근거를 제시할 때는 너무 길고 자세하게 설명하지 마세요. 〈설득력 있는 글쓰기 공식〉의 핵심 본문은 '내 의견에 유리한 근거 제시' 단계입니다. 내 의견에 불리한 근거를 너무 세세하게 설명하게 되면 오히려 설득력이 떨어지게 됩니다. 불리한 근거 제시는 유리한 근거 제시보다 상대적으로 짧게 묘사하는 것을 추천해 드립니다.

그런데 이런 생각을 들 수도 있습니다. 내 의견에 반대되는 근거들이 얼마나 잘못되었는지 비판하고 싶을 때. 이런 경우에는 〈설득력 있는 글쓰기 공식〉을 사용하기보다는 〈비평문 쓰기 공식〉을 활용하는 편이 더욱더 효과적입니다. 〈비평문 쓰기 공식〉은 뒤에서 다시 다루도록 하겠습니다.

Step 4 **마무리 (정리, 단점 수습, 구체적 제안)**

〈설득력 있는 글쓰기 공식〉의 마지막 단계입니다. 마무리 단계에서는 우선 자신의 의견을 한 번 더 정리해서 제시합니다. 불리한 근거 제시, 유리한 근거 제시 단계를 거치면서 설득력을 차근차근 쌓아 올렸습니다. 이제는 첫 단계 때 보다 조금은 더 단호하고 분명한 어조로 주장을 제시합니다. 그렇다고 강압적인 태도를 보이게 되면 읽는 이의 반발심이 다시 커질지 모르니까요. 글 서두에서 "이번 회식은 삼겹살 파티를 하면 어떨까요?"처럼 의문문 형태로 주장을 제시했다면 마무리 단계에서는 "이런 점에 비춰볼 때 이번 회식은 삼겹살 파티로 진행했으면 합니다." 정도로 주장을 정리해줍니다.

자, 그런데 문제가 있네요? 두 번째 단계에서 내 의견에 문제점들이 있다는 것을 고백했었죠? 그런데 이 단점을 그대로 덮어두고 내 의견을 밀어붙이게 되면 어떻게 될까요. 굉장히 이기적이고 편협한 사람이 되고 맙니다. 어렵게 쌓아 올린 설득력의 탑이 그대로 무너질 수 있습니다. 그래서 앞서 제시한 내 의견의 단점을 조금이라도 수습해 주어야 합니다. 만약 두 번째 단계에서 "다이어트 중인 회원들에게 육식 섭취는 치명적임을 잘 알고 있습니다."라고 내 의견에 불리한 근거를 제시했다면, 단점을 수습하는 단계에서 "이번에 새로 오픈한 고깃집의 경우 다양한 채소들이 가득한 샐러드바가 있다는 첩보를 입수했습니다. 다이어트로 고생하시는 회원님들도 부담 없이 회식을 즐기실 수 있게 최선을 다하겠습니다."라고 해야 한다는 것이지요. 커버할 수 없는 단점의 경우에는, 이로 인해 발생할 수 있는 피해를 최소화하겠다는 의지라도 꼭 제시해야 합니다. 그래야 설득력을 높일 수 있습니다. 이대로 글을 마무리 지으면 될까요? 설득력의 완성은 '그래서 당장 뭐부터 해야 하지?'에 대답할 때 이뤄집니다.

"우선 우리 총무팀이 다음 주 중에 회원님들의 일정을 총합해서 날짜를 모으고자 합니다. 그리고 최적의 좌석을 예약하도록 하겠습니다." 이렇게 자신의 의견을 전체적으로 정리하고, 고백한 단점들을 수습한 후에 구체적인 제안을 제시하게 되면 〈설득력 있는 글쓰기 공식〉의 마무리 단계가 완성됩니다.

다음은 한 아이가 부모님에게 용돈을 애걸하는 장면에서 〈설득력 있는 글쓰기 공식〉을 활용한 모습입니다.

---

❶ 자신의 의견을 부드럽게 제시하기

"엄마. 이런 말 정말 한숨부터 나오실 것 같아 걱정인데요. 용돈, 만원만 어떻게 좀 안될까요?"

❷ 내 의견에 불리한 근거 제시하기

"알아요. 알아. 요즘 내가 돈을 너무 흥청망청 쓰느라 부모님 등살을 휘게 만들고 눈살을 찌푸리게 한 거 너무 죄송해요. 이 못난 자식이 이러다 잘못된 경제 습관을 쌓게 되어 그릇된 어른으로 자랄까 봐 얼마나 걱정이 크시겠습니까."

❸ 내 의견에 유리한 근거 제시하기

"그런데 엄마. 내가 이번에 요 만원으로 학업으로 쌓인 스트레스를 친구들과 건전하고 조촐하게 풀고 나면 정말 학업 능률이 팍 오를 것 같아요. 맞습니다. 사실 공부라는 게 제 인생을 위한 것이지 부모님 인생을 위한 것이 아니라는 거 내 얼마나 맘속 깊이, 뼛속까지 새겨놓을 정도로 잘 알고 있습니다. 그런데 제가 열심히 공부해서, 작게나마 부모님의 은혜를 갚고 싶어요. 내 열심히 공부해서 잘 풀려서 우리 부모님 모시고 내 스위스 갑니다. 가서 시계도 사드리고 오는 길에 이탈리아 들러서 내 코트도 한 벌 맞춰드릴게요."

❹ 마무리 (정리. 단점 수습. 구체적 제안)

"아들의 학업 능률 향상을 위해 정말 죄송스럽지만, 만원만 부탁드립니다. 올바른 경제관념을 키우기 위해 가계부 꼭 쓰도록 하겠습니다. 그리고 정 내키지 않으시다면 9천 원도 좋습니다. 감사합니다. 어머니. 저 열심히 살겠습니다. 사랑합니다."

그럼 마지막으로 〈설득력 있는 글쓰기 공식〉에 따라서 연습하기를 해볼까요?

— ✏ 우리 모임 회식 메뉴를 회로 할 것인가? 삼겹살로 할 것인가?

— ✏ 우리 반 소풍을 ○○랜드로 결정할 것인가?

　　○○월드로 결정할 것인가?

— ✏ 가족 모임 장소를 제주도로 갈 것인가? 강원도로 갈 것인가?

— ✏ 자퇴하겠다는 아이를 설득하기

— ✏ 이사를 갈 것인가 말 것인가

— ✏ 학교 교칙 개정 제안하기

일상은 기록하라!
3단계 에세이 쓰기

✍ <3단계 에세이 쓰기 공식>의 쓸모

우선 <3단계 에세이 쓰기 공식>을 간단하게 살펴볼까요? 일단 서두에는 겪은 일을 적습니다. 이때 되도록 자신의 감정이나 생각을 최대한 쓰지 않도록 합니다. 에피소드를 쓰는 단계에서 생각과 감정을 적게 되면 글을 전진시킬 힘을 잃게 됩니다. 글을 전진시키기가 어려워지기에 내 진짜 생각과 진짜 마음을 돌아볼 기회를 잃게 됩니다. 두 번째 단계에서는 에피소드를 겪으며 느꼈던 감정과 생각을 적습니다. 마무리 단계는 정리, 방향 제시, 구체적 실천을 적습니다. 글의 전체적인 내용을 한 줄이나 두 줄로 정리합니다. 그리고 앞으로 어떻게 살아갈 것인지 전체적인 밑그림을 제시합니다. 끝으로 당장 무엇부터 할 것인지 구체적인 실천 내용을 적으며 글을 마무리합니다.

〈3단계 에세이 쓰기 공식〉의 '쓸모'는 크게 2가지입니다. 간결하게 에세이 쓰기, 학생들 일기 지도에 도움 주기 등이 대표적인 쓸모입니다.

🖊 간결하게 에세이 쓰기

〈3단계 에세이 쓰기 공식〉을 활용하면 일상을 에세이로 쉽게 기록할 수 있습니다. 혹시 일기를 자주 쓰거나, SNS에 일상 에세이를 자주 올리시나요? 모든 사람의 하루는 소중하고 의미 있는 삶의 부분입니다. 하루의 일상을 흘려보내면 의미 없이 사라집니다. 하루의 일상을 기록하면 의미가 생기고 역사가 됩니다. 한 카메라 광고 회사의 문구입니다. 기억하시는 선생님이 계시리라 생각합니다.

"기록은 기억을 지배한다."

저는 이 광고 문구를 이렇게 바꾸고 싶습니다.

"잘 쓴 기록은 삶을 지배한다."

무슨 일이 있었는지만 기록하거나, 오늘 내 감정이 어떤지만 툭 던지거나, 앞으로 다시는 이런 일을 겪지 않으려 하겠다는 다짐만 글로 남기면 어떨까요? 그 일을 겪으면서 내가 어떤 생각을 하게 되었는지 기억하기 어렵겠죠? 무슨 일을 겪었기에 화가 저리도 났었는지 떠올리기도 힘들 겁니다. 왜 저런 다짐을 하게 되었는지 몰라 난감해질 수도 있습니다.

〈3단계 에세이 쓰기 공식〉은 일상을 한 편의 에세이로 기록할 수 있는 쉬운 길을 안내합니다. 무슨 일을 겪었는지, 그 일을 통해 무엇을 느꼈는지 앞으로 내 삶은 어떻게 펼쳐낼지를 성찰하고 기록할 수 있는 지름길을 선물해줍니다. 그리고 아이들의 일기 쓰기 지도에도 큰 영감을 줍니다. 우리 아이들은 일기가 아니라 주로 '일지'를 쓰곤 합니다. 그날 무슨 일이 있었는지 단편적인 기록과 즉각적인 감정과 생각을 적곤 합니다.

고등학생은 조금 다를까요? 아닙니다. 똑같습니다. 스터디 플래너에 학습 일기를 적어오라고 하면 학습 일지만 적어옵니다. "오늘은 고전문학 2단원을 마쳤다. 영어 수행평가는 도대체 언제 준비할 수 있을까?" 이렇게 말입니다.

아이들에게 〈3단계 에세이 쓰기 공식〉을 알려주면, 아이들은 일지가 아니라 '에세이'를 쓸 수 있게 됩니다. 태어난 김에 살고 사는 김에 하루를 보내지 않고, 태어나 살아온 일상의 의미를 찾고 내일의 삶을 어떻게 열어나갈지 고민하는 성찰하는 자세를 배울 수 있습니다.

간결하게 에세이 쓰기, 학생들 일기 지도에 도움 주기 등이 〈3단계

에세이 쓰기 공식〉의 쓸모입니다. '쓸모' 많은 〈3단계 에세이 쓰기 공식〉
을 지금부터 함께 알아볼까요?

🖋 좋은 예시문 vs 덜 좋은 예시문

우선, 〈3단계 에세이 쓰기 공식〉을 사용하지 않은 글을 살펴보겠습니
다. 예시문들은 부모님을 모시고 놀이동산에 다녀온 일을 적은 에세이
입니다.

어제 부모님을 모시고 ○○ 월드에 다녀왔다. 부모님 결혼기념일을 재밌게 기
념하고 싶었다. 아버지는 처음에 완강히 거부하셨다. 늙어서 놀이공원이라니.
아버지는 손사래를 치며 싫다고 또 싫다고 말씀하셨다. 그랬던 아버지는 놀이
공원 폐장 시간을 아쉬워할 만큼 열정적으로 하루를 보내셨다. 한 손에는 솜사
탕을, 다른 한 손에는 동물 풍선을 꼭 쥐신 채 이곳저곳을 누비셨다. 오늘 하루
즐거웠다. 몸은 조금 피곤했다.

글쓴이가 어떤 일을 겪었는지를 서술한 후에, 자신의 무엇을 느꼈는
지 짧게 썼습니다. SNS에 올릴 짤막한 글로는 크게 문제가 없어 보입니
다. 하지만 읽는 이는 글을 읽고 난 후에 별다른 감동하기 힘듭니다. 글
쓴이가 오늘 무슨 일을 겪었는지는 알 수 있지만, 이 일을 겪으면서 어

떤 생각을 했는지를 알 수 없기 때문입니다. 이번에는 〈3단계 에세이 쓰기 공식〉을 활용한 예시문을 살펴보겠습니다.

어제 부모님을 모시고 ○○ 월드에 다녀왔다. 부모님 결혼기념일을 재밌게 기념하고 싶었다. 아버지는 처음에 완강히 거부하셨다. 늙어서 놀이공원이라니. 아버지는 손사래를 치며 싫다고 또 싫다고 말씀하셨다. 그랬던 아버지는 놀이공원 폐장 시간을 아쉬워할 만큼 열정적으로 하루를 보내셨다. 한 손에는 솜사탕을, 다른 한 손에는 동물 풍선을 꼭 쥐신 채 이곳저곳을 누비셨다.

부모님은 수줍은 연애 감정을 채 누리시지 못하고 결혼 생활을 시작하셨다. 그 시절 대부분의 우리 부모님이 그러하셨겠지. 선을 보고 날짜를 잡고 식을 올리고 아이를 낳고 아이를 기르고 정해진 삶의 길을 걸어오셨다. 그래서였을까. 어머니는 데이트하는 기분이 든다며 신이 나셨다. 결혼 기념에 '연애'를 선물해드렸다. 행복해하시는 부모님의 표정을 보니 1일 가이드가 되느라 고단했던 나의 하루 발걸음이 가벼워졌다.

앞으로 시간을 쪼개고 나누어 부모님에게 또 다른 '하루'를 선물해야겠다. 나의 하루를 위해 삶의 모든 순간을 나눠주신 사랑에 조금이라도 돌려드리고 싶다. 요즘 때 아닌 젊은 트로트 가수 열풍이 분다는데 콘서트 티켓 쟁탈전에 광속 클릭부터 시작해볼까.

읽는 이는 아마도 앞 예시문보다 뒤에 예시문에 더 공감할 것입니다. 〈3단계 에세이 쓰기 공식〉은 읽는 이의 궁금증을 자연스럽게 해소

해주었기 때문입니다.

글은 말과 다릅니다. 말은 '반응'을 주고받는 현장감에 상당 부분 기대는 소통 방식입니다. 몇 마디 말을 던지고 상대방의 반응을 살핍니다. 표정을 살피고, 몸짓 언어를 살핍니다. 말을 들은 사람은 언제든 자신이 궁금한 것이 무엇인지 알려줍니다. "언제?", "정말?", "그래서 무슨 일이 생겼어?", "네가?" 등등 말이 오고 가는 현장에서 화자에게 계속 신호를 보내줍니다. 무엇이 궁금한지, 어떤 내용을 더 깊이 듣고 싶은지, 지금 내용이 재미가 있는지 없는지, 이야기를 더 듣고 싶은지 아닌지를 계속 알려줍니다.

하지만 글은 말과 다릅니다. 글은 읽는 이의 즉각적인 반응을 알 수 없기에 '상상'에 상당 부분 기대는 소통 방식입니다. 글을 다 쓰고 커뮤니티나 SNS에 올려도 읽는 이들의 즉각적인 반응을 확인할 수 없습니다. 소통에 시간이 필요합니다. 그러니 글을 쓸 때는 벽을 보고 대화하는 느낌에 빠지게 됩니다. 내 이야기를 들어줄 사람이 보이질 않으니 답답합니다. 그러다 보니 글의 본질적인 특성 하나를 잊고는 합니다. 글은 다른 이가 읽어주길 바라기에 씁니다. 말과 글은 같습니다. 말과 글 모두, 내 이야기를 받아들여 줄 상대에게 메시지를 전하는 의사소통 방식입니다. 차이점이 있다면 말은 청자의 반응을 즉각 확인할 수 있지만, 글은 읽는 이의 반응을 실시간으로 확인할 수 없다는 것이지요. 그러면 어떻게 해야 할까요? 글쓰기 책들은 읽는 이를 상상하라는 조언을 많이 합니다. 나이는 얼마인지, 성별, 지식, 재산, 입장 등을 상상해서 글을 쓰라고 합니다. 맞는 말입니다. 하지만 그것만으로는 읽는 이가 '보이질'

않습니다. 어떻게 하면 좀 더 읽는 이의 반응을 미리 알 수 있을까요? 방법은 의외로 간단합니다. 사람들이 일반적으로 이야기를 들을 때 궁금해 하는 사고 단계를 따라가 글을 작성합니다.

읽는 이가 궁금해 하는 것은 크게 3가지입니다. 글쓴이가 무슨 일을 겪었는지, 글쓴이는 그 일을 통해 무엇을 느꼈는지, 그리고 이 경험을 바탕으로 앞으로 어떻게 살아갈지가 궁금합니다. 읽는 이의 궁금증을 채워줄 때 읽는 이의 마음이 열립니다. 그리고 글 속에 담아둔 글쓴이의 마음과 생각 그리고 앞으로 삶의 자세를 읽으며 공감하고 또 응원합니다. 〈3단계 에세이 쓰기 공식〉에 맞춰 간결한 에세이를 써보세요. 글쓴이는 쉽게 간결한 에세이를 쓸 수 있습니다. 읽는 이는 깊이 글쓴이의 마음에 공감할 수 있습니다.

Step 1 에피소드 쓰기 : 감정과 생각을 덜어내기

〈3단계 에세이 쓰기 공식〉의 서두에는 겪은 일을 적습니다. 에피소드를 적을 때 유념해야 할 것은 두 가지입니다. 에피소드 단계에서는 자신의 감정과 생각을 최대한 적지 않고 겪은 일만 적기, 한국어의 언어 세계관에 맞춰서 밖에서 안으로 들어오는 순서로 서술하기를 꼭 기억하세요.

에피소드를 쓰는 단계에서는 자기 생각이나 감정을 최대한 표현하지 않고 겪은 일만 적습니다. 수식어를 통해서 감정을 표현할 수는 있습니다. 하지만 겪은 일을 적으면서 무엇을 느꼈는지, 어떤 생각을 적었는지는 적지 않아야 합니다. 이유는 두 가지가 있습니다. 내 생각과 감정을 성찰해볼 시간을 얻기 위해서, 두 번째는 읽는 이에게 생각할 시간을

주기 위해서입니다. 그럼 에피소드를 쓰는 단계에서 글쓴이의 생각과
감정이 들어간 예시문을 살펴보겠습니다.

> 오늘 연수를 들었다. 연수는 정말 재미없었다. 내가 이런 강의를 들으
> 려고 그 먼 곳에서 왔단 말인가. 강사의 목소리조차 맘에 안 들었다. 어
> 찌나 쇳소리가 나는지 귀가 따가웠다. 강의를 두 시간 꽉 채워서 했다.
> 제정신일까? 정말 상도덕이라고는 유치원 졸업식 날 유치원 가방에 넣
> 어 버린 사람 같았다. 정말 다시는 신청하기 싫은 강의였다. 함께 강의
> 듣자고 내게 제안한 김샘이 원망스러웠다. 이제 함부로 강의 신청하지
> 말아야겠다.

글을 시작하자마자 감정과 생각을 쏟아낸 글입니다. 뭔가 단단히 화
가 많이 났나 봅니다. 자신의 솔직한 심정을 시원하게 뱉어낼 수 있다는
점에서 글을 잘 썼다고 볼 수도 있습니다. 그런데 문제가 있습니다. 겪
은 일을 적으면서 느낀 감정과 생각을 토해내다 보니, 이제 더는 글을
전진할 수가 없습니다.

> 오늘 연수를 들었다. 연수는 정말 재미없었다. (겪은 일)
>
> 내가 이런 강의를 들으려고 그 먼 곳에서 왔단 말인가. (느낌과 생각)

강사의 목소리조차 맘에 안 들었다. 어찌나 쇳소리가 나는지 귀가 따가웠다. (겪은 일, 느낌과 생각이 엉킴)

강의를 두 시간 꽉 채워서 했다. 제정신일까? 정말 상도덕이라고는 유치원 졸업식 날 유치원 가방에 넣어 버린 사람 같았다. (겪은 일, 느낌과 생각이 엉킴)

정말 다시는 신청하기 싫은 강의였다. 함께 강의 듣자고 내게 제안한 김샘이 원망스러웠다. (느낌과 생각)

이제 함부로 강의 신청하지 말아야겠다. (방향 제시)

겪은 일에 어떤 의미가 있었는지 돌아볼 기회도 없이 하이패스를 광속 질주하듯 글이 끝을 향해 내달리고 있습니다. 자신의 즉흥적인 감정을 토해내는데 급급하고 자신을 천천히 돌아볼 수 없는 글에 가깝습니다. 우리가 글을 쓰는 이유는 여러 가지가 있습니다. 속이 시원해지기 위해서, 나를 치유하기 위해서, 다른 사람들에게 공감을 얻기 위해서, 정보를 전달해주기 위해서, 잊지 않기 위해서 등등 글을 쓰는 목적은 참 다양합니다. 그런데, 글을 쓰는 중요한 이유가 하나 더 있습니다. 그것은 바로 글을 통해 자신을 성찰하는 기회를 얻는 것이지요.

성찰을 위해서는 보고 듣고 만지고 경험한 것들을 느긋하게 곱씹어 볼 수 있어야 합니다. 일을 겪은 순간에 느꼈던 감정, 들었던 생각, 튀어

나온 다짐들이 내 진짜 감정, 생각, 다짐이 아닐 수 있기 때문입니다. 두 번 생각하고 말하라는 격언이 있지요? 글도 마찬가지입니다. 글도 차분하게 두 번 생각하고 쓰세요. 말은 그 즉시 뱉어내야 하는 순발력이 필요한 의사소통 수단입니다. 하지만 글은 내가 지배하는 속도로 느긋하게 끌어나갈 수 있는 의사소통 수단입니다. 〈3단계 에세이 쓰기 공식〉에서 에피소드를 쓸 때는 감정과 생각을 최대한 덜어내고 씁니다. 다음 예시문은 느낌과 평가를 최대한 절제한 예시문입니다.

> 오늘 연수를 들었다. 이 강의를 듣기 위해 한 시간 반을 버스와 지하철에서 보냈었다. 강사의 목소리는 쇳소리가 배어 있는 듯했다. 강의는 두 시간을 꽉 채웠다.

감정을 최대한 덜어냈다고는 하지만 중간 중간 글쓴이의 속마음을 엿볼 수는 있습니다. 연수가 마음에 들었다면 버스와 지하철에서 보냈었다고 쓰지는 않았겠지요? 좋아하는 가수의 공연을 보기 위해서라면 기차, 비행기, 숙박까지 감내할 수도 있었을 테니까요. 이걸로는 성이 차지 않을 수도 있습니다. 아무리 에피소드를 적을 때는 자기 생각과 감정을 적지 말라지만, 이 연수가 얼마나 나를 힘들게 했는지를 꼭 적고 싶다면, 수식어를 살짝 손보는 정도에서 타협하세요.

> 오늘 연수를 들었다. 이 강의를 듣기 위해 한 시간 반을 버스와 지하철에서 허비해야 했다. 강사의 목소리는 쇳소리가 배어 있는 듯해서 듣기 힘들었다. 강의는 슬프게도 두 시간을 꽉 채웠다.

어떠신가요. 강의 현장의 풍경을 실감 나게 묘사하기 위해 수식어에 힘을 조금 주었습니다. 읽는 이들은 '글쓴이가 강의를 그다지 호의적으로 보지 않고 있구나' 정도의 느낌만 받았습니다. 이 연수를 듣고 글쓴이가 어떤 감정을 느꼈는지, 겪은 일을 어떻게 평가했는지는 알 수 없습니다. 이제 읽는 이는 글쓴이는 어떤 생각과 마음이 들었을까 궁금한 마음이 싹트기 시작합니다.

읽는 이에게 궁금증을 선물해주기 위해서 에피소드를 쓸 때는 자기 생각과 감정을 최대한 적지 않습니다. 글을 앞으로 죽죽 밀고 나가기 위해서 에피소드를 쓸 때는 겪은 일만 묘사합니다. 내가 느낀 감정과 생각은 2단계에서 풀어놓으면 된답니다.

🖋 에피소드 쓰기 활용편 : 밖에서 안으로 묘사하기

겪은 일을 묘사할 때는 한국어의 '세계관'에 따라 밖에서 안으로 들어오는 묘사를 사용합니다. 글쓴이와 읽는 이 모두가 한국인이라면, 같은 세계관을 바탕으로 상황을 서술할 때, 가독성이 좋아지기 때문입니다. 영어를 모국어로 사용하는 사람들은 상황을 인식하거나 현상을 묘사할 때 안에서 밖으로 뻗어 나가는 방향으로 사고 과정을 겪습니다. 아래 사진을 볼까요?

영어의 세계관은 주인공의 생각에서부터 출발해 주인공의 행동, 행동의 대상, 장소, 더 큰 장소, 시간 순으로 뻗어 나가며 상황을 인식합니다. 그리고 말과 글을 쓸 때도 '안에서 밖으로 세계관'을 지킵니다.

"I had dined pizza with my family in the restaurant located in Hongdae last weekend."

이 문장을 '직역'하게 되면 한국어를 모국어로 사용하는 사람들은 어색함을 느낍니다. 한국어의 세계관은 '밖에서 안으로 세계관'이기 때문이죠.

> 나는 저녁을 먹었는데 피자였는데 가족이랑 함께였고 레스토랑이었는데 홍대에 있는 거였는데 지난 주말이었지.

직역해보면 아주 어린 아이가 막 흥분해서 말하는 것처럼 어색합니다. 밖에서 안으로 들어오는 사고방식인 한국어와 달리, 영어는 주인공에게서 출발해서 가까운 순서대로 단어를 나열하기 때문입니다.

> 나는 (주인공)
> 저녁을 먹었는데 (주인공이 행동)
> 피자였는데 (행동의 대상)
> 가족이랑 함께였고 (행동을 함께한 다른 사람)
> 레스토랑이었는데 (장소)
> 홍대에 있는 거였는데 (장소를 둘러싼 더 큰 공간)
> 지난 주말이었지. (시간대)

한국어를 모국어로 사용하는 사람들에게는 '영어식 세계관'을 사용한 단어 배열이 어색하게 느껴질 수밖에 없습니다. 쉽게 읽을 수 있는 글이 좋은 글입니다. 한국어를 모국어로 사용하는 사람들에게 글을 쓸 때는, 한국어의 세계관에 맞추어 글을 써야 가독성을 높일 수 있습니다. 그렇다면 이번엔 한국어의 사고 방향에 따라 '밖에서 안으로' 상황을 묘사해 보겠습니다.

> 나는 지난 주말 저녁에 홍대에 있는 레스토랑에서 가족들이랑 피자를 먹었다.

위의 예문과 달리 장면이 머릿속에 자연스럽게 그려지면서 글이 술술 읽히죠? 한국어의 세계관은 주인공을 제시한 후에 주인공에서 먼 곳에서부터 출발해서 주인공을 향해 들어오는 순서대로 단어를 나열할 때 가장 자연스럽기 때문입니다. 이때 육하원칙을 활용하면 좀 더 쉽게 글을 쓸 수 있습니다.

> 나는 (주인공)
>
> 지난 주말 저녁에 (언제)
>
> 홍대에 있는 (어디서 : 장소를 둘러싼 더 큰 공간)
>
> 레스토랑에서 (어디서)
>
> 가족들이랑 (누구랑)
>
> 피자를 (무엇을)
>
> 먹었다. (어떻게)

에피소드를 적을 때를 비롯한 어떠한 상황을 묘사할 때는 되도록 한국어의 세계관에 맞추어 글을 작성하면 가독성을 높일 수 있습니다. 순서를 기억하세요. 그리고 활용하세요. '주인공'의 위치는 다른 요소들에 비해 상대적으로 자유롭게 설정할 수 있습니다. 또한, 언제, 어디서,

누구와 무엇을, 어떻게 등의 요소를 한 문장에 모두 넣어야 할 필요는 없습니다. 필요에 따라서 넣고 빼고를 결정하면 됩니다. 육하원칙 중에서 '왜'를 서술해야 할 때는 〈문장 뭉치기 공식〉을 활용하면 됩니다. 다른 요소들로 문장을 완성한 다음, '이유 문장'을 뒤에 붙이는 형식으로 글을 쓰면 됩니다.

주인공	나는
언제	스물한 살의 여름날에
어디서	경북 포항 해병대 훈련단에서
누구랑	혈기 왕성했던 853기 동기들과
무엇을	극한의 지옥 훈련을
어떻게	함께 견뎌내었다.
왜냐하면	왜냐하면, 나는 빨간 명찰을 꼭 갖고 싶었기 때문이다.
완성 문장 뭉치기	나는 스물한 살의 여름날에 경북 포항 해병대 훈련단에서 혈기 왕성했던 853기 동기들과 극한의 지옥 훈련을 함께 견뎌내었다. 나는 빨간 명찰을 꼭 갖고 싶었다.
'주인공'과 '언제'를 바꾼 문장 뭉치기	스물한 살의 여름날, 나는 경북 포항 해병대 훈련단에서 혈기 왕성했던 853기 동기들과 극한의 지옥 훈련을 함께 견뎌내었다. 나는 빨간 명찰을 꼭 갖고 싶었다.

완성 문장 뭉치기를 단문으로 몇 번 나눈 후에 문장을 손보게 되면 글맛에 변화가 생깁니다.

단문 문장 뭉치기	나는 스물한 살의 여름날을 경북 포항 해병대 훈련단에서 보냈다. 혈기 왕성했던 853기 동기들과 함께였다. 극한의 지옥 훈련을 그들과 함께 견뎌내었다. 나는 빨간 명찰을 꼭 갖고 싶었다.

상황을 묘사하는 문장 뭉치기를 쓸 때는 되도록, 한국어의 세계관에 맞춰서 '밖에서 안으로' 들어오는 순서로 쓰면 가독성이 높아집니다.

Step 2 의미 부여하기 (무엇을 느꼈니)

에피소드를 쓸 때 최대한 감정과 생각을 쓰지 않았기 때문에, 2단계에서 자신의 느낌과 해석을 차분하게 서술할 기회가 생겼습니다. 앞에서 들었던 예시문을 다시 살펴볼까요?

> 오늘 연수를 들었다. 이 강의를 듣기 위해 한 시간 반을 버스와 지하철에서 보냈었다. 강사의 목소리는 쇳소리가 배어 있는 듯했다. 강의는 두 시간을 꽉 채웠다.

에피소드를 쓰는 단계에서는 감정과 생각을 절제했기 때문에 읽는 이는 글쓴이의 마음을 알지 못합니다. 글쓴이의 마음을 알지 못하니 읽는 이는 궁금증이 생기겠죠? 궁금증이 생기기 때문에 글에 매력을 느낍니다. 이제부터는 감정과 생각을 토해내듯 써 내려가면 됩니다. 아무리 생각해봐도 연수가 너무 별로였다고 해볼게요. 에피소드를 쓰는 단계에서 꾹꾹 눌러두었던 나의 마음과 생각을 읽는 이에게 털어놓는 순간입니다.

오늘 연수를 들었다. 이 강의를 듣기 위해 한 시간 반을 버스와 지하철에서 보냈었다. 강사의 목소리는 쇳소리가 배어 있는 듯했다. 강의는 두 시간을 꽉 채웠다.

버스와 지하철에서 보낸 시간과 강의실에서 흘려보낸 2시간이 너무도 아까웠다. 강의 내용도 형편없었고 강사의 강의 스킬은 더욱 형편없었다. 강의 시간을 꽉 채우다니 최소한의 상도덕조차 없었다. 유치원 졸업식 날 유치원 가방에 상도덕을 넣어놓고 그대로 초중고를 졸업한 게 아닌가 싶었다. 함께 강의 듣자고 내게 제안했던 김샘이 원망스러웠다.

자, 이번에는 다른 경우입니다. 연수를 들을 때는 정말 강의가 최악이었다고 생각했습니다. 그런데 감정과 생각을 덜어내며 에피소드를 쓰고 난 후에, 적어놓은 글을 찬찬히 읽으니 마음이 진정되었습니다. 곰곰이 생각해보니 강의가 무조건 나빴던 것만은 아니라는 생각도 듭니다. 읽는 이들에게 나의 달라진 느낌과 해석을 들려주세요.

오늘 연수를 들었다. 이 강의를 듣기 위해 한 시간 반을 버스와 지하철에서 보냈었다. 강사의 목소리는 쇳소리가 배어 있는 듯했다. 강의는 두 시간을 꽉 채웠다.

강의 자체는 평이했다. 강사의 강연 스킬 역시 평이했다. 그렇지만 전혀 건질 것이 없던 강의는 아니었다. 강사가 지향하는 방향은 나와 맞지는 않았지만 제시한 근거자료는 나에게 많은 자극을 주었다. 시간을 많이 쏟아야 했던 하루였다. 그래도 강의를 함께 듣자고 제안해준 김샘을 원망하지는 않는다. 이 세상에 의미 없는 배움이란 없는 것 아닌가.

어느 예시문이 더 잘 쓴 글이라고 평가할 수는 없습니다. 두 예시문 모두 글쓴이의 마음과 해석을 솔직하게 고백한 글이니까요. 다만 여기서 중요한 점은, 에피소드를 쓰는 단계에서 감정과 생각을 최대한 쓰지 않기 때문에, 의미 부여하기 단계에서 어느 방향으로든 글을 밀고 나갈 수 있게 되었다는 점입니다. 분노, 좌절, 고통, 미움, 질투, 짜증을 그려낼 수 있습니다. 〈3단계 에세이 쓰기 공식〉은 글쓴이에게 '변속기'를 선물합니다. 내 마음과 생각이 어떠한지 성찰할 기회를 줍니다. 그러니 꼭 명심하세요. 〈3단계 에세이 쓰기 공식〉의 첫 단계에서는 겪은 일만 덤덤하게 적어보세요. 나의 감정과 생각을 읽는 이에게 들려주는 속삭임은 '의미 부여하기' 단계에서 들려주세요.

Step 3 **마무리 (앞으로 어쩔 거니?)**

마무리 단계는 3가지로 나눕니다. 글의 전체적인 결론을 한 두 문장으로 정리합니다. 그리고 앞으로 어떻게 살아갈 것인지 전체적이고 거시적인 방향을 제시합니다. 그리고 당장 무엇부터 실천할 것인지를 제시합니다. 글을 시작하기는 참 쉽습니다. 그런데 마무리 짓기는 너무 어렵습니다. 우리가 글을 시작하는 경우는 보통 두 가지입니다. 다른 사람에게 들려주고픈 특별한 일을 경험했거나, 나의 의견을 전달해주고 싶을 때입니다. 두 경우 모두 글을 시작하는 일은 너무 쉽습니다. 그런데 글을 써 내려가면서 그 패기는 점점 사그라집니다. 어찌어찌 글의 종점을 향해가지만, 도대체 글을 어떻게 마무리해야 할지 모르겠습니다.

그러나 마무리를 쉽게 쓰는 방법도 다른 공식의 원리와 마찬가지입니다. 일반적인 읽는 이들이 원하는 사고 과정(궁금해 하는 단계)을 충족시켜주면 됩니다. 〈3단계 에세이 쓰기 공식〉의 흐름을 다시 살펴볼까요?

	읽는 이가 궁금해 하는 단계	글쓴이의 대답
1	무슨 일이 있었어?	에피소드 쓰기
2	무슨 생각이 들었어?	의미 부여하기

무슨 일이 있었는지, 그 일을 겪으면서 어떤 생각이 들었는지 읽는 이의 궁금증이 해결되었습니다. 그러면 읽는 이는 더는 궁금해 하지 않

을까요? 그럴 리 없죠. 친한 친구가 이별을 겪은 경우를 가정해 볼까요?

> "남자 친구하고는 잘 돼 가?"
>
> "저번 주에 남자 친구랑 헤어졌어."

상처받은 친구에게 설마 "거봐 내 그럴 줄 알았다.", "어쩐지 둘이 불안 불안해했다.", "그러게, 네가 무슨 연애냐. 일이나 해."라고 험담하지는 않겠죠? 차분하게 친구의 이야기를 들어준 다음, 이렇게 물어보겠죠.

> "지금…. 마음이 어때?"
>
> "어제까지는 죽을 것처럼 아팠는데, 오늘 아침부터는 마음이 후련하더라. 어차피 이렇게 될 것이 아니었나 싶기도 해."

친구는 저번 주에 무슨 일이 있었는지 궁금했습니다. 그리고는 이별을 겪은 친구의 '마음과 생각'이 궁금했습니다. 그리고 친한 친구는 솔직하게 자신이 겪은 일과 자신의 감정과 생각을 들려주었습니다. 친구의 마음을 달래기 위해 가만히 어깨를 도닥여줄 수도 있겠죠. 그런데 마음속에서는 너무도 궁금합니다. 어떤 것이 궁금할까요? 친구에게 행여나 상처가 될까 봐 걱정되어서 물어볼까 말까 하는 그 궁금증은 무엇이겠습니까? 친구의 마음을 따라가 볼까요?

> "(말없이 친구 눈치를 살핀다.)"
>
> "7년을 사귀었는데 이별을 결정하는 데까지는 일주일도 걸리지 않더라. 상처는 얼마나 갈까."

이별한 친구가 대화의 전체적인 분위기를 정리해주었습니다. 그러나 궁금증은 아직 해소되지 않았습니다. 그 다음은 뭐가 궁금할까요?

> "앞으로…. 어떻게 지낼 거니?"
>
> "당분간은 연애고 뭐고 내려놓고, 나를 위한 시간을 좀 가져보려고. 내 젊은 날의 거의 모든 날을 둘이서 보냈었거든. 나도 이제는 나만을 위해서 살아볼까 해."

그런데, 친구의 궁금증은 아직도 해소되지 않습니다. 친구가 어떻게 살아갈 건지 방향은 들었는데, 그러니까 어떤 식으로 그 방향을 채워갈 것인지가 너무 궁금합니다.

"여행이라도 갈 거야?"

"응. 우선은 그동안 남자 친구랑 시간 안 맞아서 못 갔던 여행부터 가보려고. 제주도 올레길이라도 걸어볼까 해서. 항공권이랑 숙소 알아보고 있어. 괜찮아. 다시 괜찮아질 거야."

친구를 향한 안타까움은 사라지지 않겠지만 궁금증은 겨우 해소되는 순간입니다. 읽는 이가 궁금해 하는 순서와 〈3단계 에세이 쓰기 공식〉의 순서를 다시 살펴보겠습니다.

	읽는 이가 궁금해 하는 단계	글쓴이의 대답
1	무슨 일이 있었어?	에피소드 쓰기
2	무슨 생각이 들었어?	의미 부여하기
3-1	오늘 이야기 중에 중요한 게 뭐야?	정리하기
3-2	앞으로 어떻게 할 거야?	방향 제시
3-3	당장 뭐부터 할 거야?	구체적 실천

읽는 이는 글쓴이에게 무슨 일이 생겼는지 궁금해 합니다. 그리고 그 일을 겪으며 어떤 생각을 했는지도 알고 싶어 합니다. 글에서 중요한

이야기가 뭐였는지 확인하고 싶습니다. 여기까지 글쓴이와 함께한 읽는 이라면, 글쓴이에게 깊이 공감했을 겁니다. "이 사람은 이런 일을 겪어서 이런 마음을 느꼈는데…. 이젠 어떻게 살아가려고 할까?"

그렇다면 다음으로 글쓴이에게 공감한 이에게 앞으로의 계획을 들려주세요. 그리고 당장 무엇부터 할 것인지 살포시 들려주세요. 글에 여운을 남길 수 있습니다. '구체적 실천'을 쓰는 이유 중의 하나는 글에 여운을 짙게 남기기 위해서입니다. 영화를 보면 결말을 보여준 후에 제작진 소개 자막이 올라갈 때 결말 이후의 단편적인 사건들을 종종 보여주기도 합니다. 형사 영화라면, 악당을 잡아넣은 후에 다시 범인들을 잡으려 뛰어다니는 형사의 모습을 보여주기도 합니다. 시리즈 영화라면 다음 편의 내용을 암시하는 장면을 짤막하게 넣기도 합니다. 전체적이고 거시적인 방향을 제시한 후에, 구체적이고 미시적인 실천을 보여줌으로써 글에 여운을 줄 수 있습니다. 물론, '여운' 없이 깔끔하게 결말을 짓는 글도 좋은 글입니다. 학부모 민원에 지친 하루를 소재로 쓴 글을 예시로 들어볼게요.

> **•정리하기만 쓴 경우**
> 해가 갈수록 이런 장면들에 난 노출되어만 간다. 아마도 계속 난, 이 늪에서 허우적댈 운명이겠지.

- **정리하기, 방향 제시를 쓴 경우**

해가 갈수록 이런 장면들에 난 노출되어만 간다. 아마도 계속 난, 이 늪에서 허우적댈 운명이겠지. 그런데도 난 나를 지켜야겠지. 교실이 무너졌다고 나까지 무너져서는 안 되리라. 당분간 학교에서 얻은 검은 기억을 학교 밖까지 끌고 나오지 않으려 노력해야겠다. 그래야 덜 무너질 테니.

- **정리하기, 방향 제시, 구체적 실천을 쓴 경우**

해가 갈수록 이런 장면들에 난 노출되어만 간다. 아마도 계속 난, 이 늪에서 허우적댈 운명이겠지. 그런데도 난 나를 지켜야겠지. 교실이 무너졌다고 나까지 무너져서는 안 되리라. 당분간 학교에서 얻은 검은 기억을 학교 밖까지 끌고 나오지 않으려 노력해야겠다. 그래야 덜 무너질 테니. 기댈 벗들에게 톡을 보냈다. 오늘 뭐 해. 오늘 뭐 좀 먹자. 불 꺼진 텅 빈 교실을 멍하니 쳐다보다가 허기진 배를 느꼈다. 배가 고프다니, 정말 다행이었다. 오늘은 뭐라도 꼭 먹어야겠다.

여러분은 어느 예시문이 가장 마음에 울림을 주었나요. 울림에는 정답이 없습니다. 모두 저마다의 울림이 있습니다. 글의 맛과 온도를 고려해서 마음껏 활용해보세요. 이렇게 〈3단계 에세이 쓰기 공식〉의 모든 단계를 살펴보았습니다. 글은 쓰면 쓸수록 좋아집니다. 〈3단계 에세이 쓰기 공식〉에 맞추어 연습하기를 함께 해볼까요?

연습하기

—✎ 가장 출근하기 싫었던 날

—✎ 교직 생활 중에 했던 큰 실수

—✎ 교사하면서 가장 뿌듯했던 날

—✎ 담임 교사하면서 가장 슬펐던 날

—✎ 학부모 민원, 이것까지 받아봤다.

—✎ 부모님의 마음을 아프게 했던 일

—✎ 최고의 수업

—✎ 나를 힘들게 했던 그 아이

내가 모르는 것을 알아내는 지혜, 메타인지와 글쓰기

✎ 메타인지가 뭐더라

〈메타인지 글쓰기 공식〉을 설명해 드리기 전에 메타인지가 무엇인지, 메타인지와 글쓰기는 서로 어떤 영향을 주고받는지 살펴보도록 하겠습니다. 메타인지는 자신의 생각에 관해 이것이 옳은지 잘못되었는지 등을 다시 살펴보는 사고를 말합니다. 흔히 '생각 위의 생각'이라고 표현합니다. 지금 내가 모르는 것이 무엇인지, 내가 놓친 것은 무엇인지, 이 생각이 나의 진짜 생각이 맞는지 등을 살펴보는 사고력이라고 말할 수 있습니다.

우리는 아이들에게 메타인지 사고력을 길러내자고 자주 강조합니다. 메타인지에 관해서 아이들에게 설명할 때 자주 드는 예시입니다. "어떤 선생님이 낯선 학교에 와서 특강을 마친 후에 강의실을 나서려고 문을 밀었어. 어라? 근데 문이 안 열리네? 이 선생님은 가만히 고민했어. 어떻게 하면 문을 세게 밀 수 있을까. 그래서 덩치 큰 학생들을 보며 말했지. 자기가 힘이 세다고 생각하는 학생들은 나와서 같이 밀어요. 그런데 그래도 문이 열리지 않았어. 이 선생님은 다시 고민했지. 어떻게 하면 문을 더 세게 밀 수 있을까. 그리고 생각했지. 덩치가 작은 학생들까지 모두 나와서 힘을 합쳐 문을 밀면 열리지 않을까? 그래서 모든 학생을 나오게 한 후에 문을 밀었어. 그런데도 안 열리는 거야. 그러다가 이 선생님은 드디어 이런 생각을 하게 됐지. 가만, 지금 내가 놓치고 있는 것이 뭐지? 문을 세게 밀면 열릴 것이라는 내 생각에 문제는 없을까? 혹시 앞으로 세게 미는 문이 아니라면? 자기 생각 자체에 문제가 있다고 생각해본 거야. 그리고 옆으로 쓱 당겼더니? 어라? 문이 열리네? 이게 바로 메타인지야. 자기 생각을 점검할 줄 아는 사고력."

✍ 메타인지의 쓸모

많은 학자들의 의견이 조금씩 다르지만 메타인지 전략은 크게 '모니터링'과 '컨트롤'로 나뉩니다. 나의 상태, 내 생각, 내 감정, 나의 이해 정도, 내가 가진 정보의 가치 등에 관해서 돌아볼 줄 아는 모니터링과 부족한 정보를 어떻게 채울지 내 생각과 감정을 어떻게 제어할지 전략을 세우는 컨트롤입니다.

메타인지 사고력이 높은 사람은 자신의 진짜 생각과 감정이 무엇인지 고민하고 파악해줄 압니다. 또한, 자신의 감정과 생각의 방향을 어디로 향하게 할지 제어할 수 있습니다. 메타인지 사고력은 학습에만 도움

되는 것이 아니라 감정을 다스리는 데도 큰 도움이 됩니다. 지금 내가 느낀 감정이 정말 내 감정인지, 내가 겪었던 일들에 부여한 의미에 문제는 없는지를 점검할 수 있습니다. 그렇기에 메타인지는 인성 교육에도 좋습니다. 우울한 날, 친한 친구를 만나 고민을 털어놓은 적 많으시죠? 친구가 해결책을 제시해주지 않았는데도 기분이 풀렸던 경험 모두 있으실 겁니다. 친한 친구에게 고민을 털어놓는 것만으로 마음이 풀리는 이유는 다양합니다. 내 이야기를 들어주는 내 편이 있구나 하는 안도감 때문에, 따뜻한 말투로 괜찮아 다 잘될 거라며 토닥여주는 친구의 위로 때문에 마음의 무게가 조금 가벼워집니다. 그리고 한 가지 이유가 더 있습니다. 메타인지 사고를 경험했기 때문입니다. 머릿속에 복잡하게 떠도는 고민을 말로 풀어내면서 '모니터링'을 경험했기 때문입니다. 지금 내 생각이 어떠한지, 내 감정이 어떤지를 확인하는 것만으로도 스트레스가 줄어듭니다. 상황은 하나도 달라지지 않겠지만 적어도 나의 상태를 온전히 이해하는 것만으로도 마음이 조금 편해지기 때문입니다.

그리고 '모니터링'을 경험했기 때문에 이제 내 감정과 생각을 '컨트롤'할 의지도 생기게 됩니다. 메타인지는 감정을 다스리는 데 큰 도움이 됩니다. 이렇게 〈메타인지 글쓰기 공식〉의 '쓸모'는 크게 3가지입니다. 나의 진짜 생각을 찾아가는 사색을 경험하기, 읽는 이에게 공감과 감동을 주는 글쓰기, 다른 글쓰기 공식으로 활용하기 입니다.

✐ 메타인지를 자극하는 방법

메타인지 사고력을 길러내는 방법은 다양합니다. 가장 쉽고 즐거운 방법은 친구에게 말로 설명하는 방법입니다. 설명할 수 없으면 아는 것이 아닙니다. 친구에게 설명하다가 말이 턱 하고 막힌다면 아직은 내용을 제대로 이해하지 못했다는 증거입니다. 이때 설명을 듣고 있던 친구의 역할도 중요합니다. 친구의 설명을 듣고 부족한 점, 새로 생긴 궁금한 점에 관해 질문을 던져줍니다. 질문을 듣게 되면 내가 그 내용에 관해서 제대로 이해를 했는지 안 했는지를 확인할 수 있습니다. 머릿속에 맴도는 내용을 말로 뱉어내면서 자신의 귀로 본인의 생각을 듣게 됩니다. 그리고 자신이 설명하고 있는 장면을 눈으로 파악하며 본인의 상태를 점검할 수 있습니다. 즉 자기 생각을 돌아보면서, 생각 자체에 관해 한 번 더 생각하는 기회를 얻습니다.

친구에게 말로 설명하는 방법 이외에 자기 생각을 글로 써보는 방법도 있습니다. 자기 생각을 글로 적으면서 첫 번째 메타인지 사고를 경험합니다. 글을 쓰기 위해서는 자신이 무슨 생각을 하고 있는지를 한 번 더 생각해야 하기 때문입니다. 생각을 글로 적게 되면, 종이 위에 써진 글을 보는 것만으로도 메타인지 사고를 할 수 있습니다. 종이로 써진 내 생각을 다시 읽고 있기 때문입니다. 글쓰기는 메타인지를 오랫동안 자극합니다. 말은 한번 몸을 떠나면 그대로 사라집니다. 반면에 글은 오랫동안 지속해서 관찰할 수 있기 때문입니다.

🖋 메타인지와 글쓰기

생각을 글로 쓰게 되면 메타인지를 자극할 수 있습니다. 〈3단계 에세이 공식〉의 두 번째 단계는 '의미 부여하기'였습니다. 〈3단계 에세이 공식〉은 그 자체로도 충분히 쓸만한 공식입니다. 〈메타인지 글쓰기 공식〉은 거기에서 한 발짝 더 깊이 자신의 내면으로 글을 끌고 들어가게 합니다. 나는 내 진짜 생각과 진짜 감정을 제대로 파악한 것일까? 내가 놓친 것은 없을까? 내 생각에 부족한 점은 무엇일까? 이 일의 진짜 교훈은 뭐였을까? 그렇다면 나는 내 생각을 어떻게 고쳐야 할까? 내 감정의 방향이 어디를 향하게 해야 할까? 메타인지 질문을 던지면서 자신의 진짜 생각과 진짜 마음을 찾아가 보세요. 이제 우리는 〈3단계 에세이 쓰기 공식〉에 메타인지 질문과 메타인지 전략이 더해진 〈메타인지 글쓰기 공식〉을 살펴보도록 하겠습니다. 나의 진짜 생각과 진짜 마음을 찾아 떠나볼까요?

🖋 진짜 내 생각을 찾아서

〈메타인지 글쓰기 공식〉을 활용하여 에세이를 써보세요. 내 진짜 생각을 찾아가는 경험을 해보세요. 우리는 겪은 일 하나를 두고 다르게 느끼거나 다르게 생각하고는 합니다. 세월이 흘러서, 마음이 변해서, 상황이 달라져서, 한 걸음 떨어져 있어 보니, 처지를 바꿔보니 등등 생각과 느낌이 달라지곤 합니다. 중학교 때 썼던 일기장을 고이 간직하고 있습니다. 가끔 용기를 내어 일기장을 펼쳐봅니다. 질풍노도의 시기를 유달리 유난을 떨며 보냈었습니다. 일기를 펼치면 세상의 모든 이치를 다 깨달아버렸다고 착각했던 청소년이 온갖 허세를 다 떨고 있습니다. 그 시절의 저를 마주하는 일은 보통 용기로는 견디기 힘듭니다. 잠을 청하러 이불 속으로 들어가면 두 다리는 내 뇌의 명령을 받지 않고 격렬하게 이불을 뻥뻥 차곤 합니다. 그때 내가 왜 그랬을까, 공허함과 부끄러움과 어이없음이 동시에 느껴져 얼굴의 온도가 시골집 아랫목 온돌처럼 뜨거워지곤 합니다. 감추고 싶었던 질풍노도 시기의 '사료'를 용기 내어 책에 박제시켜봅니다.

> 오늘도 교회 사람들이 날 무시했다. 역시 세상은 나의 존재와 가치를 받아들일 준비가 되어있지 않았다. 난 이제 그들과 섞이지 않을 것이다. 나를 제대로 이해할 수 있는 존재는 오로지 신만이 가능하다. 난 이제 내가 만든 벽 속에 숨어 지낼 것이다.

정확히 중학교 2학년 겨울이었습니다. 웅장하다 못해 온몸의 신경세포를 단숨에 세포 분열시켜버릴 에너지가 느껴지는 글입니다. 키득키득 웃어버리고 싶지만, 이게 남의 일이 아니라 내 일이다 보니 참 오묘한 감정을 느낍니다. 중학교 시절의 저를 시간 여행을 통해 다시 만날 수 있다면 이 이야기를 꼭 해주고 싶습니다.

"지금 네가 느낀 감정에 문제는 없을까? 지금 네가 놓치고 있는 생각은 뭘까? 네가 겪은 일에 다른 의미는 없었을까? 그걸 물어봐. 너의 생각을 다시 생각해봐."

메타인지란 자기 생각을 한 번 더 돌아보는 사고방식입니다. 〈메타인지 글쓰기 공식〉은 메타인지 사고를 활용해서 자기 생각을 한 번 더 검토하는 글쓰기 방식입니다. 〈3단계 에세이 쓰기〉는 에피소드를 작성할 때 감정과 생각을 최대한 적지 않았죠? 자신이 겪은 일을 차분하게 돌아보며 성찰할 기회를 벌기 위해서였습니다. 〈메타인지 글쓰기 공식〉은 거기서 한 걸음 더 나아갑니다. 자기 생각에 질문을 다시 던집니다. "지금 내가 느낀 감정과 생각에 놓친 점은 없을까? 내가 진짜로 느껴야 할 감정과 생각이 지금, 이 생각이 맞을까?" 그리고 그 질문에 대답합니다. 지금 당장은 세월이 흐르지도 않았고, 상황이 달라질 리도 없습니다. 하지만 메타인지 질문을 던지면서 사고의 전환을 경험할 수 있습니다. 그리고 조금은 한 걸음 더 성숙해질 내 생각과 감정을 마주할 수 있습니다.

메타인지 글쓰기 공식

Step 1. 공감을 위한 에피소드 쓰기

Step 2. 공감을 위한 낮은 자세, 첫 번째 생각

Step 3. 반전의 묘미, 메타인지 질문의 계기와 질문 던지기

Step 4. 새로운 생각 (메타인지 질문에 대답하기)

Step 5. 정리. 방향 제시. 구체적 다짐.

읽는 이는 언제 공감하고 언제 박수를 치는가?

〈메타인지 글쓰기 공식〉을 활용하면 읽는 이에게 공감을 끌어내고 박수를 부르는 글을 쓸 수 있습니다. 우리는 언제 공감할까요? 우리는 자신과 비슷한 처지를 목격하거나, 자신의 옛날 모습과 비슷한 처지를 마주할 때 공감합니다. 혼자 사는 연예인들의 일상을 다룬 관찰 예능 프로그램이 있었습니다. 방송 후반부로 갈수록 출연하는 연예인들의 삶의 질이 높아졌습니다. 넓은 집, 화려한 인테리어, 고급 취미 활동, 근사한 파티. 그런데 시청자들의 반응은 날이 갈수록 시큰둥해졌습니다. 방송 초반에 출연하는 연예인들의 삶의 질은 일반적인 서민들의 삶과 비슷했습니다. 옥탑방, 식탁 없는 원룸, 여름에는 덥고 겨울에는 추운 집, 주말에 약속 없이 뒹굴뒹굴하는 하루. 시청자들은 자신과 비슷한 삶의 풍경을 보여주는 연예인들이 출연할 때 공감했습니다. 그리고 그때마다 시청률이 높았습니다.

글도 마찬가지입니다. 읽는 이들은 자신이 겪었던 처지와 글쓴이의 처지가 비슷할 때 공감합니다. 자신이 느낀 감정과 생각이 글쓴이의 감정과 생각과 비슷할 때 깊이 공감합니다. 그리고 글에 몰입하게 됩니다. 〈메타인지 글쓰기 공식〉의 '첫 번째 생각'을 통해 읽는 이들은 자신과 비슷한 생각을 하는 글쓴이에게 공감합니다. 그리고 글에 몰입하게 됩니다. 공감을 불러일으킨 것에 만족하고 이 단계에서 글을 정리하게 되면 〈3단계 에세이 쓰기〉가 됩니다. 공감을 불러일으킨 것만으로도 충분히 좋은 글입니다.

하지만 글쓰기의 최종 목표가 무엇인지 다시 한 번 생각해볼까요? 내 진짜 생각을 찾아가고, 내 삶의 변화를 추구하고, 내 글을 사람들이 읽게 하고, 공감하게 만들고, 마음과 생각을 흔들고, 읽은 이의 생각에 변화를 주고, 행동에 변화를 주고, 삶을 변화시키는 것이었죠? 공감하게 했다면, 이제 그다음 단계를 향해 전진할 차례입니다.

읽는 이의 마음과 생각을 흔드는 데 성공했습니다. 그럼 이제 무엇을 해야 할까요? 읽는 이의 생각에 변화를 주어야겠죠? 이제 '새로운 생각'을 읽는 이에게 제시합니다. 글쓴이의 기가 막힌 사색을 마주한 읽는 이는 무릎을 쫙 치면서 감탄사를 내뱉습니다. "어쩜! 이런 생각을 할 수 있을까!", "그래! 나도 이렇게 생각해야 했는데!"

〈메타인지 글쓰기 공식〉를 활용하면 읽는 이의 공감을 끌어내고, 읽는 이에게 갈채를 받는 에세이를 쓸 수 있습니다. 〈메타인지 글쓰기 공식〉을 응용하면 다양한 글쓰기 공식으로 활용할 수 있습니다. 학급 운영을 위한 싫은 말씀 글쓰기 공식, 좋은 말씀 글쓰기 공식으로 활용할 수 있습디다. 학부모님의 마음을 흔드는 가정 통신문 글쓰기 공식으로도 활용할 수 있습니다.

나의 진짜 생각을 찾아가는 사색을 경험하기, 읽는 이에게 공감과 감동을 주는 글쓰기, 다른 글쓰기 공식으로 활용하기 등이 〈메타인지 글쓰기 공식〉의 쓸모입니다. 쓸모 많은 〈메타인지 글쓰기 공식〉을 이제 함께 알아볼까요?

✐ 좋은 예시문 vs '더' 좋은 예시문

다른 글쓰기 공식을 설명해 드릴 때와 다르죠? 좋은 예시문과 덜 좋은 예시문을 비교하는 것이 아니라, 좋은 예시문과 '더' 좋은 예시문을 비교해볼까 합니다. 〈3단계 에세이 쓰기 공식〉에 맞추어 쓴 예시문을 다시 살펴보겠습니다.

어제 부모님을 모시고 ○○ 월드에 다녀왔다. 부모님 결혼기념일을 재밌게 기념하고 싶었다. 가기 싫다던 부모님은 놀이공원 폐장 시간을 아쉬워할 만큼 열정적인 하루를 보내셨다. 한 손에는 솜사탕을, 다른 한 손에는 동물 풍선을 꼭 쥐신 채 이곳저곳을 누비셨다.

부모님은 수줍은 연애 감정을 채 누리시지 못하고 결혼 생활을 시작하셨다. 그래서였을까. 어머니는 데이트하는 기분이 든다며 신이 나셨다. 행복해하시는 부모님의 표정을 보니 1일 가이드 하느라 고단했던 나의 하루 발걸음이 가벼워졌다.

어머니 아버지에게 좋은 추억을 선물할 수 있어서 기쁜 하루였다. 앞으로 시간을 쪼개고 나누어 부모님에게 또 다른 '하루'를 선물해야겠다. 나의 하루를 위해 삶의 모든 순간을 나눠 주신 사랑에 조금이라도 돌려드리고 싶다. 신혼여행 때 경험한 이후 한 번도 하지 못하셨다는 두 분 만의 여행을 선물 드려 볼까.

에피소드를 제시하고, 의미를 부여하고, 마무리. 〈3단계 에세이 쓰기〉만으로도 충분히 좋은 글을 쓸 수 있습니다. 에피소드를 쓰는 단계에서 감정과 생각을 쓰지 않았죠? 감정과 생각을 2단계로 미루면서 호흡을 한번 고르고 자신에게 성찰할 시간을 주었습니다. 〈메타인지 글쓰기 공식〉은 여기서 한 걸음 더 나아가 한 번 더 성찰의 기회를 자신에게 선물합니다. 호흡을 한 번 고르고 던진 내 생각에 놓친 점은 없었을까? 내게 주는 또 다른 의미는 없었을까? 자기 생각에 대해 한 번 더 생각하는 '메타인지' 사고를 글에 녹여보겠습니다. 이제 〈메타인지 글쓰기 공식〉으로 위 예시문에 변화를 준 글을 읽어보겠습니다.

어제 부모님을 모시고 ○○ 월드에 다녀왔다. 부모님 결혼기념일을 재밌게 기념하고 싶었다. 가기 싫다던 부모님은 놀이공원 폐장 시간을 아쉬워할 만큼 열정적인 하루를 보내셨다. 한 손에는 솜사탕을, 다른 한 손에는 동물 풍선을 꼭 쥐신 채 이곳저곳을 누비셨다.

부모님은 수줍은 연애 감정을 채 누리시지 못하고 결혼 생활을 시작하셨다. 그래서였을까. 어머니는 데이트하는 기분이 든다며 신이 나셨다. 행복해하시는 부모님의 표정을 보니 1일 가이드 하느라 고단했던 나의 하루 발걸음이 가벼워졌다.

그런데 아버지와 어머니는 자꾸만 셋이서 사진을 계속 찍자고 하셨다. 부모님은 평소에도 두 분이 사진 찍는 것을 즐기셨다. 그런데도 두 분을 카메라에 담아 드리면, 꼭 지나가는 사람들에게 카메라를 건네며 셋이서 함께 사진을 다시 찍으셨다. 셋이 함께 나온 사진을 보시며 너무도 행복한 웃음을 짓는 부모님을 잠시 멍하니 쳐다보았다. 부모님이 오늘 하루 이리도 즐거워하셨던 이유는 다른 곳에 있지 않았을까? 어쩌면 두 분이 세월에 흘려보낸 '연애'의 기억만큼 오래된 '어린 자녀와의 시간'을 다시 느끼셨기 때문이 아니었던가.

젊었던 어머니와 아버지는 어렸던 나의 작은 손을 꼭 잡고 어린이날마다 놀이공원을 찾았었다. 아이는 사춘기를 지나 어른이 되고 사회인이 되었고, 젊은 부부는 중년을 지나 노년이 되어 품에 자식들이 집을 나서는 순간들을 겪어야 했다. 그 시간의 흐름에 어머니와 아버지는 추억을 마음 한구석에 숨겨두어야 하지 않았을까. 행여나 자녀의 삶에 누가 될까, 그리움도 아쉬움도 숨기며 살아오셨으리라. 어쩌면 내가 선물해드리는 건 연애가 아니라 그 시절의 우리 추억이었으리라.

앞으로 시간을 쪼개고 나누어 부모님에게 또 다른 '하루'를 선물해야겠다. 그 하루는 나에게도 선물일 테다. 주말에 계곡 가에서 어른이 된 그 시절 어린아이와 김밥이라도 먹으러 가자고 말씀드려야겠다.

〈3단계 에세이 쓰기〉에서 어떤 변화구를 주었는지 살펴볼까요? 우선 에피소드와 의미 부여하기 단계는 변함이 없었죠? 〈3단계 에세이 쓰기〉와 달라지는 지점은 '메타인지 질문'을 던지는 단계입니다. 겪은 일에 내가 부여한 의미와 내가 느낀 감정이 정말로 옳았는지, 또는 감정과 생각에 놓친 것들은 없었는지를 묻습니다. 그리고 그 질문에 대답을 꺼냅니다. 내 생각을 다시 고민해보는 과정을 겪으며 〈메타인지 글쓰기 공식〉은 좀 더 깊은 사색의 공간으로 나를 끌고 갑니다.

〈메타인지 글쓰기 공식〉을 활용한 에세이를 활용해 진짜 나를 마주하는 경험을 누려보세요. 〈메타인지 글쓰기 공식〉을 단계별로 살펴보기 전에 우선! 공식을 머릿속에 살포시 구겨 넣어보겠습니다. 공식의 순서가 왜 이렇게 구성되었는지를 이해하기 전에, 공식의 순서를 미리 외워두면 내용을 더욱 쉽게 이해할 수 있습니다.

Step 1 공감을 위한 에피소드 쓰기

〈메타인지 글쓰기 공식〉의 첫 번째 순서인 에피소드 쓰기는 〈3단계 에세이 쓰기〉와 다르지 않습니다. 최대한 감정과 생각을 적지 않고 겪은 일을 적습니다. 읽는 이에게 내 마음을 읽을 수 있는 '힌트'를 주고 싶다면 감정과 생각을 짐작할 수 있는 표현을 살짝살짝 읽는 이에게 흘려주어도 좋습니다.

만약 읽는 이의 공감을 끌어내고 싶다면 에피소드를 쓰는 단계에서 내 글을 읽을 사람들을 먼저 상상하세요. 그리고 상상 속에 나의 읽는 이들이라면 공감할 감정과 생각을 떠올려보세요. 떠오른 감정과 생각을 그대로 표현하지 마세요. 읽는 이는 '힌트'만 읽어도 글쓴이에게 공감할 겁니다. 예를 들어볼까요?

나는 오늘도 학교로 발걸음을 옮겼다.

감정과 생각을 완전히 덜어낸 문장입니다. 이 문장 뒤에 내 생각과 감정을 넣어보겠습니다.

> 나는 오늘도 학교로 발걸음을 옮겼다. 학교에 가는 일은 너무도 피곤한 일이다. 나는 가기 싫었다. 그런데도 가야 했다. 도대체 방학은 언제나 온단 말인가.

에피소드를 쓰는 단계에서 감정과 생각이 들어가게 되면 글을 더는 전진하기가 쉽지 않습니다. 저 짧은 문장들 속에 글 전체에 들어갈 내용이 응축해서 들어가 버렸습니다. 아주 짧은 글을 쓰려고 하지 않았다면 에피소드를 쓰는 단계에서는 감정과 생각을 쓰지 않아야 합니다. 하지만 읽는 이에게 힌트를 주고 싶습니다. 그럴 때는 원 문장에 수식어를 활용하거나 다른 표현을 덧붙여서 에피소드를 쓰면 좋습니다. 우선 내 글을 읽는 이를 상상해야겠지요? 그래야 읽는 이의 마음을 상상할 수 있고, 읽는 이가 공감할만한 감정과 생각을 상상할 수 있겠죠. 예시문을 읽을 읽는 이는 일상에 지친 선생님이라고 상상해보겠습니다.

❶ 나는 오늘도 학교로 발걸음을 옮겼다.

❷ 나는 어쩔 수 없이 오늘도 학교로 발걸음을 옮겼다.

❸ 나는 어쩔 수 없이 오늘도 숨 막히는 학교로 발걸음을 옮겼다.

❹ 나는 어쩔 수 없이 오늘도 숨 막히는 학교로 무거운 발걸음을 옮겼다.

말을 덧붙여갈수록 글쓴이의 처절한 심정이 글에 묻어나오죠? 글쓴이의 생각과 감정을 엿볼 수 있지만, 아직 글쓴이는 자신의 진짜 생각과 마음을 드러내지 않았습니다. 잊지 마세요. 에피소드 단계에서는 감정과 생각을 직접 묘사하지 마세요. 글을 전진시키기 위해서는 감정과 생각을 적는 일을 뒤로 미뤄야 해요. 하지만 수식어와 다른 표현을 슬쩍 덧붙이면서 읽는 이에게 '힌트'를 주는 센스도 잊지 마세요.

Step 2 공감을 위한 낮은 자세, 첫 번째 생각 쓰기

〈메타인지 글쓰기 공식〉의 두 번째 단계에는 온전히 깨닫기 이전에 든 생각을 적습니다. 메타인지 질문을 받기 전의 생각이지요. 에피소드를 겪으며 순간적으로 들었던 생각이나 느낌을 적습니다. 그리고 곧 메타인지 질문을 던지며, 첫 번째 생각에 의문을 품고 새로운 생각을 찾아 떠나야 합니다.

그런데 우리가 삶을 살다 보면 메타인지 질문을 굳이 던지지 않아도 즉답을 얻는 경우도 많습니다. 첫 번째 생각, 메타인지 질문, 두 번째 생각(새로운 생각). 이렇게 단계별로 사고의 과정을 거치지 않아도 "그래! 깨달았어! 유레카!" 하면서 바로 생각의 종착점에 도달할 때가 있습니다. 또는, 메타인지 질문까지 던져보았지만 새로운 생각이 떠오르지 않을 때가 있습니다. 메타인지 질문을 여러 번 던져보아도 첫 번째 생각이 여전히 옳을 때도 있습니다. 이럴 때는 첫 번째 생각을 적을 때 내 생각을 그대로 적지 말고, 읽는 이의 공감을 얻을 수 있는 생각을 적어보세요. 비슷한 에피소드를 겪을 때 내가 상상한 읽는 이라면 느꼈을 감정과 생각을 적는 겁니다. 문득 고개를 갸우뚱하며 의문이 드시는 선생님도 계시리라 생각합니다. 제가 드린 말씀은 첫 번째 생각을 억지로 지어내라는 말씀이 아닙니다. 내가 상상한 읽는 이들의 일반적인 생각을 적어주면서 공감을 끌어내는 전략을 짜라는 말씀입니다. 예시를 들어보겠습니다.

❶ 에피소드 : 학생이 수업 시간에 내게 욕설을 내뱉었다.

학생이 담임 선생님에게 욕설을 내뱉은 일을 겪었습니다. 글을 쓰는 '나'는 이런 일에 온전하게 초연한 베테랑 교사라고 가정해 볼게요. 그래서 '나'는 무덤덤한 표정을 지으며 아이를 교칙대로 처리하고, 나만의 지도 노하우로 아이를 진정시킬 수 있었습니다. 만약. 이 내용만 글을 작성하고 싶다면 〈메타인지 글쓰기 공식〉을 활용한 에세이보다는 〈3단계 에세이 쓰기〉 공식을 활용하는 편이 간결합니다.

❶ 에피소드

학생이 수업 시간에 내게 욕설을 내뱉었다.

❷ 의미 부여하기

늘 겪던 일이다. 아이를 진정시킨 후 달력을 보며 생각했다. 이렇게 또 일상이 흐르는구나.

❸ 마무리 (정리, 방향 제시, 구체적 다짐)

괜찮은 척 애쓴 일상이 막을 닫는다. 내일도 태연한 척 하루를 보내야겠지. 화장대 앞 거울을 보며 괜찮은 척 웃는 연습이라도 해봐야겠다.

메타인지 질문을 아무리 던져보아도 내 생각에 큰 변화가 오지 않거나, 메타인지 질문을 굳이 던질 필요가 없는 때도 많습니다. 또는, "나는 그냥 오늘 하루를 이렇게 보냈어요, 그대들은 어떤가요?" 하는 느낌을 주는 글을 쓰고 싶을 때도 있습니다. 그럴 때는 〈메타인지 글쓰기 공식〉을 사용하는 것보다 〈3단계 에세이 쓰기 공식〉을 사용하면 간결하게 에세이를 쓸 수 있습니다.

그런데 말입니다. 읽는 이의 공감을 끌어내면서 읽는 이를 위로해주고 싶을 때는 어떻게 해야 할까요? "많이 힘드시죠? 저도 오늘 힘든 일을 겪었네요.", "이런 일 겪으면 참 막막하고 힘드시죠? 저도 그렇네요.", "우린 참 왜 이리도 힘들어야 할까요?", "작은 보람을 느끼시죠? 저도 오늘 작은 보람을 얻었네요.", "그런 일 겪으면 참 소소한 기쁨이죠? 저도 그렇네요.", "우리네 삶도 가끔은 웃음이 가득하네요." 내가 상상한 읽는 이에게 공감의 손을 내밀고 한 걸음 함께 더 내디뎌 위로와 희망을 나누고 방향을 제시하는 글을 쓰고 싶을 때가 있습니다. 그럴 때는 〈메타인지 글쓰기 공식〉을 사용하면 됩니다. 〈메타인지 글쓰기 공식〉의 각 단계에서 읽는 이에게 어떤 감정을 끌어내야 하는지 살펴볼게요.

메타인지 글쓰기 공식 순서	읽는 이에게 보내는 신호
❶ **공감을 위한 에피소드 쓰기**	〈공감〉 "나도 비슷한 일을 겪었어." 읽는 이가 직접 겪었거나 충분히 겪게 될 수 있는 에피소드를 제시하며 공감을 끌어낸다.
❷ **첫 번째 생각** (깨닫기 이전 생각, 기존의 생각)	〈공감, 위로〉 "맞아. 맞아. 나도 그래." 내가 상상한 읽는 이들의 일반적인 반응과 생각, 감정을 제시하며 공감을 끌어낸다.
❸ **메타인지 질문 또는 질문의 계기**	〈반전, 자극〉 "어? 이 생각은 안 해봤어!" 하지만 다르게 생각할 수 있지 않을까? 글쓴이 자신에게 보내는 메타인지 질문은, 결국 읽는 이에게 보내는 메타인지 질문이다. 메타인지 질문은 글쓴이의 사고를 자극하고 연이어 읽는 이의 마음과 생각을 흔든다.

❹ 새로운 생각 (메타인지 질문에 대답하기)	〈공감, 감탄〉 "그렇구나. 세상을 이렇게 바라볼 수도 있구나." 삶을 새롭게 바라보자는 글쓴이의 다짐은, 나도 글쓴이의 가치관을 고민해보겠다는 읽는 이의 다짐으로 이어진다. 다짐은 위로가 된다.
❺ 정리. 방향 제시. 구체적 다짐.	〈공감, 감탄, 자극, 응원〉 "나도 용기를 내야지." 글쓴이가 삶의 방향을 새롭게 다잡는 결심은, 읽는 이에게 위로를 주며 공감을 끌어내고 읽는 이 역시 삶을 새롭게 바라보리라는 자극을 준다.

나의 진짜 생각을 읽는 이에게 전해주는 건 잠시 뒤로 미룹니다. 첫 번째 생각을 쓰는 단계에서는 독자의 공감을 끌어내면 글맛이 살아납니다.

공감은 참 신기합니다. 뭔가 새로운 지식이나 방향을 제시하지 않아도, 나와 비슷한 처지를 겪는 사람이 겪은 일이나, 느낀 감정을 접하면 마음에 작은 위로가 스며들어옵니다. 당장 달라질 것은 하나도 없는데, 어떻게 하라는 말을 듣지도 않았는데, 그저 나와 비슷한 상황, 비슷한 감정을 나누는 것만으로도 작은 위로를 얻고 웃음도 얻습니다. 그것이 공감이 주는 힘이지요. 〈메타인지 글쓰기 공식〉의 2번째 단계인 '첫 번째 생각'을 적을 때는 읽는 이가 공감할 수 있는 생각을 적으면 좋습니다. 미처 깨닫기 이전의 생각, 감정, 고민, 착각, 실수, 어린 마음 등을 적어보세요.

사람들은 화려한 부유층의 삶과 사고보다 비슷한 처지인 사람들의 삶과 생각과 고민에서 공감합니다. 첫 번째 생각을 적을 때는 독자의 마음을 상상하며 '깨닫기 이전의 마음과 생각'을 써보세요. 내가 상상한 독자에게 공감을 먼저 선물하세요. "그런데 전 아무리 생각해도 첫 번째, 두 번째 생각을 나누지 못하겠는데요?" 할 때는 어떻게 하면 좋을까요. 그때는 바로 〈메타인지 글쓰기 공식〉이 아니라 다른 글쓰기 공식을 사용하시면 된답니다. 여기서 매우 중요한 글쓰기 팁이 나왔네요? 글의 방향에 따라 알맞은 공식이 다르다! 기억나시죠?

Step 3 반전의 묘미, 메타인지 질문의 계기와 질문 던지기

첫 번째 생각을 읽는 이에게 건네며 공감을 선물했습니다. 이제는 읽는 이에게 반전미를 맛보게 할 차례입니다. 첫 번째 생각에 메타인지 질문을 던집니다. "지금 내가 느낀 감정에 놓친 것은 없을까?", "지금, 이 생각이 정말 나의 진짜 생각일까?" 메타인지를 자극하는 질문을 던지며 내 생각을 점검합니다.

- 지금 내가 모르는 게 뭐지?
- 지금 내가 놓친 것이 뭐지?
- 지금 나에게 필요한 생각은 뭐지?
- 지금 내 생각에 문제는 없을까?

메타인지 질문이 글쓴이와 읽는 이에게 어떤 효과를 주는지 살펴보겠습니다. 글쓴이는 자기 생각과 감정을 다시 돌아보며 성찰과 사색의 시간을 경험합니다. 읽는 이는 글쓴이의 사고가 확장되어 가는 과정을 간접 경험하며 자기 생각을 돌아볼 기회를 얻습니다. 쓰는 사람에게도 의미 있고 읽는 사람에게도 뜻깊은 시간이 되겠지요. 부모님과 놀이공원을 방문한 예시문을 다시 살펴보겠습니다. 예시문의 단계마다 읽는 이에게 어떤 감정을 끌어내야 하는지를 다시 정리해 보겠습니다.

메타인지 글쓰기 공식 순서	읽는 이에게 보내는 신호
❶ 에피소드 (무슨 일이 있었나?)	〈공감〉 "나도 비슷한 일을 겪었어." 읽는 이가 직접 겪었거나 충분히 겪게 될 수 있는 에피소드를 제시하며 공감을 끌어낸다.
	"어제 부모님을 모시고 ○○ 월드에 다녀왔다. 부모님 결혼기념일을 재밌게 기념하고 싶었다. 가기 싫다던 부모님은 놀이공원 폐장 시간을 아쉬워할 만큼 열정적인 하루를 보내셨다. 한 손에는 솜사탕을, 다른 한 손에는 동물 풍선을 꼭 쥐신 채 이곳저곳을 누비셨다."

❷ 첫 번째 생각 (깨닫기 이전 생각, 기존의 생각)	〈공감, 위로〉 "맞아. 맞아. 나도 그래."
	내가 상상한 읽는 이들의 일반적인 반응과 생각, 감정을 제시하며 공감을 끌어낸다.
	"부모님은 수줍은 연애 감정을 채 누리시지 못하고 결혼 생활을 시작하셨다. 그래서였을까. 어머니는 데이트하는 기분이 든다며 신이 나셨다. 행복해하시는 부모님의 표정을 보니 1일 가이드 하느라 고단했던 나의 하루 발걸음이 가벼워졌다."
❸ 메타인지 질문 또는 질문의 계기	〈반전, 자극〉 "어? 이 생각은 안 해봤어!"
	"하지만 다르게 생각할 수 있지 않을까? 글쓴이 자신에게 보내는 메타인지 질문은, 결국 읽는 이에게 보내는 메타인지 질문이다. 메타인지 질문은 글쓴이의 사고를 자극하고 연이어 읽는 이의 마음과 생각을 흔든다."
	〈메타인지 질문의 계기〉 "그런데 아버지와 어머니는 자꾸만 셋이서 사진을 계속 찍자고 하셨다. 부모님은 평소에도 두 분이 사진 찍는 것을 즐기셨다. 그런데도 두 분을 카메라에 담아드리면, 꼭 지나가는 사람들에게 카메라를 건네며 셋이서 함께 사진을 다시 찍으셨다. 셋이 함께 나온 사진을 보시며 너무도 행복한 웃음을 짓는 부모님을 잠시 멍하니 쳐다보았다."
	〈메타인지 질문〉 "부모님이 오늘 하루 이리도 즐거워하셨던 이유는 다른 곳에 있지 않았을까? 어쩌면 두 분이 세월에 흘려보낸 '연애'의 기억만큼 오래된 '어린 자녀와의 시간'을 다시 느끼셨기 때문이 아니었던가."

첫 번째 생각에서 글쓴이는 부모님이 기뻐하는 이유가 연애 기분을 낼 수 있었기 때문이라고 생각했습니다. 부모님께 비슷한 이벤트를 선물해드린 경험이 있는 사람은 글쓴이의 생각에 고개를 끄덕이며 공감합니다. "글쓴이가 아주 센스 있게 좋은 시간을 선물했구나.", "나도 부모님 결혼기념일에 이런 비슷한 생각을 했었지." 하면서 자신의 경험, 사고와 글쓴이의 에피소드와 생각이 비슷하다 공감합니다. 그런데, 생각지도 못했던 질문이 들어옵니다. 옳다고 여겼던 자기 생각을 다시 점검해보자는 메타인지 질문에 잠시 당황합니다. 예상했던 방향으로 글이 진행되지 않고 커브를 도는 순간입니다. 읽는 이는 "어라?"하고 호기심을 느끼게 됩니다. 생각지도 못했던 반전이 일어났기 때문이죠. "부모님께서 연애 기분 때문에 즐거워하셨을까? 그렇다고 여긴 내 생각에 놓친 것은 없을까? 어쩌면 부모님은 나와 함께 즐겁게 지내셨기에 행복해하신 것은 아니었을까?" 자기 생각에 의문을 품고, 새로운 생각의 실마리를 찾아내는 메타인지 질문은 생각의 방향이 바뀌면서 내가 느껴야 할 감정과 생각까지 변하게 만듭니다. 이것이 바로 메타인지 질문의 힘입니다.

Step 4-5 새로운 생각과 마무리

〈메타인지 글쓰기 공식〉의 4번째 단계와 5번째 단계는 〈3단계 에세이 쓰기 공식〉의 2번째, 3번째 순서와 비슷합니다. 자기 생각(새로운 생각 또는 의미 부여하기)을 적고, 글을 마무리합니다.

메타인지 질문을 통해 내 생각을 점검했습니다. 이제는 새롭게 얻은 생각을 읽는 이에게 보여줄 차례입니다. 어쩌면 이 단계가 사실상 '본문'이라 할 수 있습니다. 나의 '본'심을 드러내는 '문단', 그래서 '본문'이라고 불러봅니다.

읽는 이는 글을 읽으며 글쓴이의 경험과 첫 번째 생각에 공감했습니다. 그리고 메타인지 질문을 접하며 무릎을 탁, 이마를 착 치며 글쓴이의 메타인지에 반전미를 맛보았습니다. 이제 드디어 글쓴이가 진심으로 깨달은 생각을 접하며 공감하고 감탄합니다. 그럼, 이제 읽은 이에게 이제 무엇을 선물해주어야 할까요? 그렇습니다. 생각을 어떻게 행동으로 옮길지 보여주어야겠죠. 읽은 이들이 글쓴이의 삶의 자세를 그대로 따를 일은 결코 없습니다. 하지만 새롭게 길을 걸어야 글쓴이에게 응원을 보내며, 나는 어떻게 세상을 바라보고 살아갈 것인가 곰곰이 돌아보는 자극을 얻습니다. 〈메타인지 글쓰기 공식〉 각 단계에서 읽는 이에게 어떤 감정을 끌어내면 글맛이 살아나는지 정리해볼까요?

메타인지 글쓰기 공식 순서	읽는 이에게 보내는 신호
❶ 에피소드 (무슨 일이 있었니?)	〈공감〉 "나도 비슷한 일을 겪었어." 읽는 이가 직접 겪었거나 충분히 겪게 될 수 있는 에피소드를 제시하며 공감을 끌어낸다. "어제 부모님을 모시고 ○○ 월드에 다녀왔다. 부모님 결혼기념일을 재밌게 기념하고 싶었다. 가기 싫다던 부모님은 놀이공원 폐장 시간을 아쉬워할 만큼 열정적인 하루를 보내셨다. 한 손에는 솜사탕을, 다른 한 손에는 동물 풍선을 꼭 쥐신 채 이곳저곳을 누비셨다."
❷ 첫 번째 생각 (깨닫기 이전 생각, 기존의 생각)	〈공감, 위로〉 "맞아. 맞아. 나도 그래." 내가 상상한 읽는 이들의 일반적인 반응과 생각, 감정을 제시하며 공감을 끌어낸다. 부모님은 수줍은 연애 감정을 채 누리시지 못하고 결혼 생활을 시작하셨다. 그래서였을까. 어머니는 데이트하는 기분이 든다며 신이 나셨다. 행복해하시는 부모님의 표정을 보니 1일 가이드 하느라 고단했던 나의 하루 발걸음이 가벼워졌다.

❸ 메타인지 질문 또는 질문의 계기	〈반전, 자극〉 "어? 이 생각은 안 해봤어!" 하지만 다르게 생각할 수 있지 않을까? 글쓴이 자신에게 보내는 메타인지 질문은, 결국 읽는 이에게 보내는 메타인지 질문이다. 메타인지 질문은 글쓴이의 사고를 자극하고 연이어 읽는 이의 마음과 생각을 흔든다.
	〈메타인지 질문의 계기〉 그런데 아버지와 어머니는 자꾸만 셋이서 사진을 계속 찍자고 하셨다. 부모님은 평소에도 두 분이 사진 찍는 것을 즐기셨다. 그런데도 두 분을 카메라에 담아 드리면, 꼭 지나가는 사람들에게 카메라를 건네며 셋이서 함께 사진을 다시 찍으셨다. 셋이 함께 나온 사진을 보시며 너무도 행복한 웃음을 짓는 부모님을 잠시 멍하니 쳐다보았다. 〈메타인지 질문〉 부모님이 오늘 하루 이리도 즐거워하셨던 이유는 다른 곳에 있지 않았을까? 어쩌면 두 분이 세월에 흘려 보낸 '연애'의 기억만큼 오래된 '어린 자녀와의 시간'을 다시 느끼셨기 때문이 아니었던가.

	〈공감, 감탄〉 "그렇구나. 세상을 이렇게 바라볼 수도 있구나."
	삶을 새롭게 바라보자는 글쓴이의 다짐은, 나도 글쓴이의 가치관을 고민해보겠다는 읽는 이의 다짐으로 이어진다. 다짐은 위로가 된다.
❹ 새로운 생각 (메타인지 질문에 대답하기)	젊었던 어머니와 아버지는 어렸던 나의 작은 손을 꼭 잡고 어린이날마다 놀이공원을 찾았었다. 아이는 사춘기를 지나 어른이 되고 사회인이 되었고, 젊은 부부는 중년을 지나 노년이 되어 품에 자식들이 집을 나서는 순간들을 겪어야 했다. 그 시간의 흐름에 어머니와 아버지는 추억을 마음 한구석에 숨겨두어야 하지 않았을까. 행여나 자녀의 삶에 누가 될까, 그리움도 아쉬움도 숨기며 살아오셨으리라. 어쩌면 내가 선물해 드리는 건 연애가 아니라 그 시절의 우리 추억이었으리라.
❺ 정리. 방향 제시. 구체적 다짐.	〈공감, 감탄, 자극, 응원〉 "나도 용기를 내야지."
	글쓴이가 삶의 방향을 새롭게 다잡는 결심은, 읽는 이에게 위로를 주며 공감을 끌어내고 읽는 이 역시 삶을 새롭게 바라보리라는 자극을 준다.

그럼, 마음에 들지 않았던 연수를 듣고 온 날의 에피소드를 〈3단계 글쓰기 공식〉에 맞추어 쓴 예시문을 다시 살펴볼까요?

〈3단계 글쓰기 공식〉에 맞추어 쓴 글

오늘 연수를 들었다. 이 강의를 듣기 위해 한 시간 반을 버스와 지하철에서 보냈었다. 강사의 목소리는 쇳소리가 배어 있는 듯했다. 강의는 두 시간을 꽉 채웠다.

강의 자체는 평이했다. 강사의 강연 스킬 역시 평이했다. 그렇지만 전혀 건질 것이 없던 강의는 아니었다. 강사가 지향하는 방향은 나와 맞지는 않았지만 제시한 근거자료는 나에게 많은 자극을 주었다. 시간을 많이 쏟아야 했던 하루였다. 그래도 강의를 함께 듣자고 제안해준 김샘을 원망하지는 않는다. 이 세상에 의미 없는 배움이란 없는 것 아닌가.

어쨌든 오늘 강의는 조금 아쉬웠다. 다음에는 조금 덜 아쉬워질 강의를 경험하고 싶다. 이번에는 내가 먼저 강의를 수배해서 김 선생님에게 톡하나 던져봐야겠다. 나의 배움은 멈추지 않는다.

다음으로, 이 에피소드를 〈메타인지 글쓰기 공식〉에 맞추어 새롭게 쓴 예시문을 살펴보겠습니다.

〈메타인지 글쓰기 공식〉에 맞추어 쓴 글

오늘 연수를 들었다. 이 강의를 듣기 위해 한 시간 반을 버스와 지하철에서 보냈었다. 강사의 목소리는 쇳소리가 배어 있는 듯했다. 강의는 두 시간을 꽉 채웠다. 그런데 김샘은 지루한 기색 하나 없이 꼿꼿한 정승 자세로 수업에 열중했다.

강의 내용은 이미 세상 모두가 다 아는 뻔한 내용이었다. 강사의 강연 스킬은 침대 행 특급열차라 느낄 만큼 지루했다. 지루함에 강의를 듣는 내내 시계만 쳐다보았다. 틈만 보이면 집으로 달아날 생각을 몇 번이나 했다. 하지만 그러지 못했다. 이 지루하고 무의미한 강의에 나를 끌고 온 김샘의 눈치가 보였다. 만약 내가 도중에 집에 가게 되면 김샘 마음이 어떻겠는가. 아니 이 선생은, 이 지루한 강의를 어떻게 이리도 잘 버틴단 말인가. 이해할 수 없었다. 그리고 김샘이 원망스러웠다. 차라리 나와 함께 사우나나 가자고 했으면 지금쯤 한증막을 나와 시원한 식혜를 마시며 무위자연을 만끽하며 휴일을 보내지 않았으랴.

지루함에 몸부림치다가 문득 김샘은 어찌 저리도 흐트러짐이 없을지 궁금했다. 강의가 끝나고 인근 카페에서 차를 마시며 물었다.
"김샘. 강의 안 지루했어?"
"지루했지. 그래도, 중간 중간 체크할 것들이 있더라."

한 방 먹었다. 나는 강의 전체가 지루하다 하여 두 귀와 한 심장을 틀어막았었다. 하지만 김샘은 그 사이에서도 배울 거리를 찾았다. 배움을 얻고자 이 먼 곳을 왔다면 지루해할 것을 찾을 것이 아니라, 그런데도 배울 거리를 찾아야 하지 않았을까.

반 아이들 얼굴이 떠올랐다. 수학이 싫어요. 국어가 싫어요. 영어가 싫어요. 싫어하는 과목을 왜 배워야 해요. 재미없는 수업을 왜 참고 들어야 해요. 징징거렸던 아이들의 얼굴이 떠올랐다. 그리고 그때마다, 그런데도 왜 배워야 하는지, 어쩌고저쩌고 설파하던 나의 가식적인 얼굴도 떠올랐다. 배움을 전해주는 교사가, 배움을 꺼리는 학생들처럼 굴었으니 얼굴이 화끈거렸다.

그제야 부랴부랴 김샘의 메모장을 살펴보며 무엇을 배웠는지 묻고 들었다. 김샘을 통해 다시 복기한 강의에는 많은 배움이 숨어 있었다. 강사가 지향하는 방향은 나와 맞지는 않았지만 제시한 근거자료는 나에게 많은 자극을 주었다. 강사에게도 배움을 얻었지만, 사실 오늘 가장 큰 배움은 김 선생님에게서 얻었다.

배움의 자세를 새롭게 얻은 하루였다. 배움에 의미를 부여하는 것은 결국 나 자신이라는 말, 이제는 나 스스로부터 실천해야겠다. 이번에는 내가 먼저 강의를 수배해서 김 선생님에게 툭하나 던져봐야겠다. 김샘, 고마워.

내가 느낀 감정과 생각을 읽는 이에게 들려주고 싶다면 〈3단계 에세이 쓰기 공식〉을 활용하세요. 읽은 이의 마음에서 공감을 끌어내고 새로운 생각을 향한 질문을 나누고 싶다면 〈메타인지 글쓰기 공식〉을 활용하세요. 내가 쓰고 싶은 글맛에 따라 공식을 고르는 맛을 느껴보세요. 아이스크림만 골라 먹는 게 아닙니다. 글맛도 골라 담을 수 있답니다.

글은 쓸수록 늡니다. 〈메타인지 글쓰기 공식〉 연습하기, 함께 해볼까요? 〈3단계 글쓰기 공식〉에서 다뤘던 소제들입니다. 앞에서 할 때 쓴 글과 비교하면서 글맛의 차이를 느껴보세요.

연습하기

- ✎ 가장 출근하기 싫었던 날
- ✎ 교직 생활 중에 했던 큰 실수
- ✎ 교직 생활 중 가장 뿌듯했던 순간
- ✎ 교직 생활 중 가장 슬펐던 날
- ✎ 학부모 민원, 이것까지 받아봤다.
- ✎ 부모님의 마음을 아프게 했던 일
- ✎ 내 인생 최고의 수업
- ✎ 나를 힘들게 했던 그 아이

희망 또는 절망의 변화 스토리, 달라졌어요 글쓰기

달라졌어요 글쓰기 공식

Step 1. 변화 전 상황 쓰기

Step 2. 변화의 계기를 갈망

Step 3. 터닝 포인트 적기

Step 4. 성장 스토리 만들기

Step 5. 마무리 (정리, 방향 제시, 구체적 실천)

✍ <달라졌어요 글쓰기 공식>의 쓸모

<달라졌어요 글쓰기 공식>을 전체적으로 살펴볼까요? 우선 서두에서 달라지기 이전 상황을 묘사합니다. <달라졌어요 글쓰기 공식>은 변화 전 상황에서 어떠한 계기를 통해 점점 변해가는 '성장' 스토리를 그리는 글쓰기 공식입니다. 첫 단계에서는 성장하기 이전 상황을 쓰고 두 번

째 단계에서는 변화를 원하는 갈망을 적습니다. 달라지려고 수 없이 노력하는 이야기, 달라져야만 하는 이유, 이대로 살아도 괜찮은지 스스로 던지는 질문을 적습니다. 바로 터닝포인트를 향한 갈망을 적는 것입니다. 세 번째 단계에서는 변화의 계기를 적습니다. 노력의 결과이든, 우연의 계기이든 이전과 달라진 터닝포인트에 관해 씁니다. 네 번째 단계에서는 변화의 계기를 맞이해서 달라져 가는 성장 과정을 씁니다. 서두에서 묘사한 상황과 달라진 것들을 읽는 이에게 보여주는 단계입니다. 전보다 좋아진 몸, 명석해진 머리, 치유된 마음, 나아진 삶의 질 등 처음 상황과 달라져 가는 모습을 씁니다. 마지막은 마무리 단계입니다. 마무리 단계는 거의 모든 글쓰기 공식과 같습니다. 글을 전체적으로 정리하고, 앞으로의 전체적인 방향을 제시합니다. 그리고 당장 실천할 구체적인 계획을 적으며 글을 마무리합니다.

〈달라졌어요 글쓰기 공식〉의 '쓸모'는 크게 가지입니다. 공감과 응원을 끌어내는 성장 스토리 쓰기, 스토리가 살아있는 리뷰 쓰기, 교사의 노력을 진정성 있게 담은 가정 통신문 쓰기, 아이의 마음을 흔드는 상담 글쓰기 등입니다.

〈달라졌어요 글쓰기 공식〉을 활용하면 읽는 이에게 공감과 응원을 끌어내고, 읽는 이에게 영감을 줄 수 있는 성장 스토리를 속도감 있게 쓸 수 있습니다. 일상에 지쳐 번-아웃에 빠졌다가 여행을 통해 마음의 치유를 얻는 여행 에세이 쓰기, 연구 모임을 통해 새로운 벗들과 함께 공부하고 활동하며 성장해가는 스토리 쓰기, 건강관리를 위해 시작한 운동을 통해 마음마저 튼튼해져 가는 이야기 쓰기 등 다양한 성장 스토리를 재밌게 쓸 수 있습니다. 〈달라졌어요 글쓰기 공식〉은 스토리텔링의 맛이 살아있습니다. 그래서 글에 속도감이 실립니다. 보통 신화, 무협 소설, 판타지 소설, 히어로 영화의 스토리 진행과 비슷하기 때문입니다. 이런 류의 영화들은 일반적으로 이런 전개로 진행됩니다.

❶ 자신의 운명, 능력을 아직 발견하지 못한 주인공의 등장. 세상은 혼돈과 위기로 가득하다. 주인공이 소중히 여기는 사람들이 고통에 빠진다. 주인공은 악의 세력에 맞서보지만 역부족이다.

❷ 영웅을 기다리는 사람들. 주인공은 강해지고 싶다.

❸ 우연히 만나게 된 스승. 주인공에게 숨겨진 운명의 비밀을 알려준다. 스승에게 기술을 전수하며 힘을 길러내는 주인공. 드디어 각성한다.

❹ 악의 세력에 맞서 싸우는 주인공. 과거와 달리 강해진 주인공에게 당하는 악의 무리. 최종 보스와 힘겨운 싸움 끝에 주인공은 승리한다.

❺ 주인공은 마을로 돌아와 되찾은 평화를 마을 사람과 누린다. 앞으로 다가올 더 큰 악의 세력과도 맞서 싸우리라 다짐한다. 마을 사람들의 축하와 격려를 받으며 아직 남아있는 악의 세력들을 처단하러 길을 나선다.

전개가 영웅의 이야기를 담은 전형적인 스토리 플롯이지요? 그런데 스토리의 흐름이 익숙하지 않나요. 그렇습니다. 〈달라졌어요 글쓰기 공식〉의 공식과 스토리 플롯이 매우 닮아있습니다. 〈달라졌어요 글쓰기 공식〉과 비교해서 다시 살펴보겠습니다.

달라졌어요 글쓰기 공식

❶ 변화 전 상황 쓰기
"자신의 운명, 능력을 아직 발견하지 못한 주인공의 등장. 세상은 혼돈과 위기로 가득하다. 주인공이 소중히 여기는 사람들이 고통에 빠진다. 주인공은 악의 세력에 맞서보지만 역부족"

❷ 변화의 계기를 갈망
"영웅을 기다리는 사람들. 주인공은 강해지고 싶다,"

❸ 터닝 포인트 적기
"우연히 만나게 된 스승. 주인공에게 숨겨진 운명의 비밀을 알려준다. 스승에게 기술을 전수하며 힘을 길러내는 주인공. 드디어 각성한다."

❹ 성장 스토리 만들기
"악의 세력에 맞서 싸우는 주인공. 과거와 달리 강해진 주인공에게 당하는 악의 무리. 최종 보스와 힘겨운 싸움 끝에 주인공은 승리한다."

---

❺ 마무리 (정리, 방향 제시, 구체적 실천)

"주인공은 마을로 돌아와 되찾은 평화를 마을 사람과 누린다. 앞으로 다가올 더 큰 악의 세력과도 맞서 싸우리라 다짐한다. 마을 사람들의 축하와 격려를 받으며 아직 남아있는 악의 세력들을 처단하러 길을 나선다."

영웅의 성장 스토리와 〈달라졌어요 글쓰기 공식〉의 흐름이 딱 맞는 것을 확인할 수 있습니다. 독자들은 주인공(글쓴이)의 출발점에서 공감합니다. 그리고 주인공(글쓴이)이 변화를 갈망하는 모습과 변해가는 모습을 보며 응원합니다.

〈달라졌어요 글쓰기 공식〉을 활용하면 공감과 응원을 끌어내고 속도감 있는 글을 쓸 수 있습니다. 〈메타인지 글쓰기 공식〉은 좋은 의미로 매우 축축 처지는 속도가 특징입니다. 깊은 사색을 위한 글쓰기 공식이다 보니 태생이 느릿느릿합니다. 에피소드 하나를 툭 던져놓고는, 첫 번째 생각 한번. 메타인지 질문으로 또 생각 한번. 새로운 생각을 제시하며 또 생각 한번. 사색 단계를 세 번이나 하다 보니 글이 축축 처집니다. 〈메타인지 글쓰기 공식〉이 추구하는 방향이 원래 그렇습니다. 조용히 내면의 소리에 귀를 기울이는 글을 추구하는 공식입니다. 반면에 〈달라졌어요 글쓰기 공식〉은 내가 얼마나, 어떻게 성장해가는지를 쓰기 위한 공식입니다. 글이 앞으로 나갑니다. 그래서 〈메타인지 글쓰기 공식〉보다 속도감을 더 느낄 수 있지요.

〈달라졌어요 글쓰기 공식〉을 활용하면 글맛을 느낄 수 있는 후기를 뚝딱 작성할 수 있습니다. 여행 후기, 맛집 후기, 상품 후기, 독서 리뷰, 영화 리뷰, 연수 후기 등 다양한 글을 쉽게 쓸 수 있습니다. 여행을 다녀와 마음의 치유를 얻은 이야기, 맛의 새로운 영역을 알게 해준 맛집, 세상은 아직 따뜻함을 들려준 한 권의 책, 세상을 보는 다른 관점을 선물한 영화. 어떠한 콘텐츠를 경험하고 나서 달라진 나의 삶을 〈달라졌어요 글쓰기 공식〉을 활용해서 글로 표현해보세요. 읽는 이들은 선생님의 글을 읽고 공감과 응원을 보내고 자신도 글쓴이의 경험에 동참하고 싶어질 것입니다.

〈달라졌어요 글쓰기 공식〉을 활용하면 진정성이 느껴지는 가정 통신문을 쉽게 쓸 수 있습니다. 또 아이에게 삶을 새롭게 바라보는 힘을 길러주는 상담 글쓰기도 멋지게 쓸 수 있습니다. 자세한 '쓸모'는 Part2에서 다루도록 하겠습니다.

공감과 응원을 끌어내는 성장 스토리 쓰기, 스토리가 살아있는 리뷰 쓰기, 교사의 노력을 진정성 있게 담은 가정 통신문 쓰기, 아이의 마음을 흔드는 상담 글쓰기 등이 〈달라졌어요 글쓰기 공식〉의 쓸모입니다. '쓸모' 많은 〈달라졌어요 글쓰기 공식〉을 함께 알아볼까요?

📝 좋은 예시문 vs 덜 좋은 예시문

우선, 〈달라졌어요 글쓰기 공식〉을 사용하지 않은 예시문을 보겠습니다.

양꼬치엔 무알코올 맥주를 주문했다. 별 기대 없는 마음으로 시큰둥하게 택배 박스를 뜯고 캔을 땄다. 경쾌한 소리를 내며 양꼬치엔 무알코올 맥주를 땄다. 양꼬치엔 무알코올 맥주가 식도를 타고 내 몸을 구석구석 누비기 시작할 때 눈이 번쩍 뜨였다. 몇 번을 다시 마셔보아도 맥주 맛이었다. 그토록 찾던 맥주 맛이었다.

"크으흐으으"

치킨 다리를 뜯으며 생맥주를 들이킬 때 나오던 소리가 절로 나왔다. 그렇다. 드디어 찾아냈다! 맥주 생각을 덜 나게 해줄 치료제를 이제야 만나게 되었다.

그동안 보리 향만 맡아도 숨을 헐떡였었다. 약을 먹느라 맥주를 마시지 못하니 금단 증상 비슷한 사무침이 밀려왔다. 무알코올 맥주를 마시면 되지 않았을까? 하지만 무알코올 맥주는 내게 혐오 식품이었다. 몇몇 무알코올 맥주를 마셔봤지만, 입맛을 크게 버리고 말았었다. 나는 너무도 우울했다.

 이 나라 맥주, 저 나라 맥주건 무알코올 맥주들은 진짜 맥주를 더욱더 그립게 만들 뿐이었다. 그렇게 돌고 돌아 만나게 된, 양꼬치엔 무알코올 맥주.

그날 이후 뜨거운 샤워를 마치거나, 땀을 뻘뻘 흘린 날이거나, 일터에서 치여 씁쓸한 퇴근 날에 양꼬치엔 무알코올 맥주로 대신 몸을 적신다. 몸에도 덜 나쁘고 마음에도 덜 나쁘지 않던가. 돈도 덜 드니 더 좋지 않던가. 햄 조각 하나 구워 한잔 마셔야겠다. 이거 사라. 두 번 사라.

마음에 쏙 드는 무알코올 맥주를 다른 이에게 권하는 리뷰입니다. 나쁘지 않은 글입니다. 새로운 제품을 구매했더니 좋았더라, 예전에는 이런 제품을 만나지 못했었다, 이 제품은 참 좋다, 이런 순서로 글을 전개했습니다. 이제 위 예시문을 〈달라졌어요 글쓰기 공식〉에 맞추어 순서만 살짝 바꿔보겠습니다. 글맛과 글의 속도감이 어떻게 바뀌는지 주목하세요.

보리 향만 맡아도 숨을 헐떡였다. 약을 먹느라 맥주를 마시지 못하니 금단 증상 비슷한 사무침이 밀려왔다. 무알코올 맥주를 마시면 되지 않았을까? 하지만 무알코올 맥주는 내게 혐오 식품이었다. 몇몇 무알코올 맥주를 마셔봤지만, 입맛을 크게 버리고 말았었다. 나는 너무도 우울했다.

이 나라 맥주, 저 나라 맥주건 무알코올 맥주들은 진짜 맥주를 더욱더 그립게 만들 뿐이었다. 그렇게 돌고 돌아 만나게 된, 양꼬치엔 무알코올 맥주.

별 기대 없는 마음으로 시큰둥하게 택배 박스를 뜯고 캔을 땄다. 경쾌한 소리를 내며 양꼬치엔 무알코올 맥주를 땄다. 양꼬치엔 무알코올 맥주가 식도를 타고 내 몸을 구석구석 누비기 시작할 때 눈이 번쩍 뜨였다. 몇 번을 다시 마셔보아도 맥주 맛이었다. 그토록 찾던 맥주 맛이었다.

"크으흐으으"

치킨 다리를 뜯으며 생맥주를 들이킬 때 나오던 소리가 절로 나왔다. 그렇다. 드디어 찾아냈다! 맥주 생각을 덜 나게 해줄 치료제를 이제야 만나게 되었다.

그날 이후 뜨거운 샤워를 마치거나, 땀을 뻘뻘 흘린 날이거나, 일터에서 치여 씁쓸한 퇴근 날에 양꼬치엔 무알코올 맥주로 대신 몸을 적신다. 몸에도 덜 나쁘고 마음에도 덜 나쁘지 않던가. 돈도 덜 드니 더 좋지 않던가. 햄 조각 하나 구워 한잔 마셔야겠다. 이거 사라. 두 번 사라.

신기하죠? 글의 순서만 살짝 바꾸었을 뿐인데 글의 맛이 쫀득해지고 글에 속도감이 붙었습니다. 왜 그럴까요? 〈달라졌어요 글쓰기 공식〉에 맞추어 글을 쓰게 되면 글에 '스토리텔링'이 생깁니다. 사람들은 '스토리텔링'이 있는 글을 더 좋아합니다. 앞 예시문은 스토리텔링이 없습니다.

스토리텔링이 없는 예시문

❶ 새 제품을 샀다.

❷ 내가 찾던 그 제품이다. 참 좋다.

❸ 예전 제품들은 별로였다.

❹ 이제 앞으로 이 제품만 사용하겠다.

그런데, 글의 순서만 〈달라졌어요 글쓰기 공식〉에 맞추어 바꾸면 어떻게 변하게 될까요?

〈달라졌어요 글쓰기 공식〉에 맞추어 쓴 예시문

❶ 변화 전 상황 쓰기

"내 입맛을 사로잡을 무알코올 맥주를 만나지 못했다."

❷ 변화의 계기를 갈망

"온갖 맥주 브랜드를 다 찾아보았지만, 좋은 제품을 찾지 못했다."

❸ 터닝 포인트 적기

"그러다 새 제품을 발견했다."

❹ 성장 스토리 만들기

"내가 찾던 바로 그 맛이다. 너무 좋다."

❺ 마무리 (정리, 방향 제시, 구체적 실천)

"앞으로 이 제품만 구매하겠다. 그대도 사라."

〈달라졌어요 글쓰기 공식〉의 순서만 지켜도 글에 스토리텔링이 생겨나고, 골인 지점을 향해 앞으로 나가 나가는 속도감이 강해집니다.

✐ 읽는 이에게 공감과 위로를 선물하는 글쓰기

우리는 글을 읽으며 언제 가장 공감할까요? 그렇습니다. 자신과 비슷한 처지를 묘사한 글을 읽거나, 자신이 겪었던 상황 또는 자신이 겪을 수 있는 상황을 그려낸 글을 읽을 때 글쓴이와 마음을 함께 합니다. 성장하기 이전의 모습을 묘사할 때는 솔직하게 글을 쓰는 것이 좋습니다. 내가 얼마나 힘들었는지, 얼마나 나약했었는지, 얼마나 외로웠는지, 얼마나 어리석었는지, 얼마나 못됐었는지, 얼마나 교만했었는지, 얼마나 몰랐었는지 읽는 이에게 고백하듯 써보세요.

글을 쓰는 이유는 참 다양하지요? 그 중 하나, 글을 쓰면서 지난날의 상처를 덜어내기 위해서 입니다. 자신의 부족했던 모습을 고백하는 일은 쉽지 않습니다. 하지만 모든 걸 털어놓으면 마음 한구석에서부터 올라오는 시원한 속바람을 느낄 수 있습니다. 그래, 그때는 너무 힘들었어. 너무도 나약했어. 너무도 외로웠어. 너무도 어리석었어. 너무도 못됐었어. 너무도 교만했었어. 너무도 몰랐었어. 털어내면, 덜어낼 수 있습니다. 달라지기 이전의 내 모습을 솔직하게 글로 털어내 보세요. 마음의 짐을 덜어낼 수 있습니다. 난, 달라졌으니까. 지금의 내 모습을 사랑하니까. 있는 그대로의 내 삶의 궤적을 소중하게 생각할 수 있습니다.

그런 솔직한 고백을 들은 읽은 이에게도 글쓴이에게도 깊은 공감을 보냅니다. 얼마나 힘드셨을까요. 저도 얼마든지 겪을 수 있는 일이네요. 마음이 안타깝습니다. 글쓴이의 솔직한 고백에 읽은 이들은 글에 깊이 빠져듭니다. 글쓴이에게 공감합니다. 변화 전 상황을 묘사할 때는 메타인지 글쓰기와 달리, 겪은 일과 감정, 생각을 함께 적습니다.

🍃 읽는 이의 심정을 상상하기 싫다면? <3단계 에세이 쓰기 공식>을 활용하라

읽은 이들에게 공감을 끌어냈으니 이제는 감동을 줄 차례입니다. 감동을 끌어내 읽는 이가 응원과 박수를 보내도록 하기 위해서는 차례차례 건물을 전략적으로 쌓아 올려야 합니다. 변화의 계기를 찾고 싶어 하는 갈망을 묘사할 때도 읽는 이들의 심정을 상상해보세요. 물론, 모든 글을 쓸 때 공감을 바라고 쓸 수는 없습니다. 내 감정을 있는 그대로 토해내고 싶을 뿐인데 언제 읽는 이들의 심정을 고민할까 생각할 수도 있습니다. 그럴 땐 어떻게 하면 될까요? <3단계 에세이 쓰기 공식>을 활용해서 글을 쓰면 됩니다. 내 마음을 읽는 이에게 곧바로 고백하는 글도 많은 울림을 선물할 수 있습니다.

그런데 만약 읽는 이에게 공감을 주고 글쓴이에게 응원을 보내며 글을 다 읽고 난 후에는 "그래. 나도 달라질 거야!" 하는 카타르시스를 느끼게 하고 싶다면? 그때는 읽는 이의 마음을 늘 상상하며 글을 써야 합니다. 나와 비슷한 처지에 있는 사람, 비슷한 처지에 있었던 사람, 언제든 비슷한 처지에 놓일 수 있는 사람의 심정을 대변해주세요. 읽는 이에게 공감을 선물하세요. 이 세상에 존재하는 거의 모든 '공개된 글'은 남에게 읽히기 위해서 씁니다. 읽는 이는 내 글을 읽기 위해 소중한 시간을 투자해야 합니다. 그러니 읽는 이의 심정을 상상하세요. 그리고 공감을 선물하세요. 공감을 선물하는 방법은 의외로 간단합니다. 바닥까지 내려가 솔직하게, 속 시원하게 글을 쓰면 됩니다. 내가 얼마나 발버둥을 쳤는지, 얼마나 여기저기 도움을 구해보았는지, 얼마나 헤맸는지를 쓰세요. 읽는 이는 글쓴이의 고백에 고개를 끄덕이며 격한 공감을 보낼 겁니다. 그리고 글쓴이에게 고마워합니다. 고마워요. 내 마음을 대신 고백해주어서.

✒ 반전을 선물하라

이제 독자들의 마음을 훔쳐서 "우리는 하나다!"라는 공감을 끌어냈습니다. 이제는 반전미를 선물할 차례입니다. 변화의 계기를 접한 스토리를 들려주세요. 귀인을 만났다, 선물을 받았다, 추천을 받았다, 우연히 발견했다, 문득 생각이 들었다, 누가 알려주었다. 글쓴이가 터닝포인트를 발견했다는 소식을 듣게 되면, 읽은 이는 가슴이 두근두근 뛰기 시작합니다. "뭐? 나와 비슷한 심정을 느낀 이에게 행운이 찾아왔다고?", "뭔데? 뭔데? 그게 뭔데? 궁금해!", "어머! 그래서! 그래서! 어떻게 되었다는 거야?" 호기심이 커집니다. 눈을 동그랗게 뜨고 어서 빨리 다음 장면을 읽고 싶어집니다.

🍃 성장 스토리 만들기

이제 모든 준비는 끝났습니다. 변화의 계기를 접하고 나서 내가 어떻게 성장했고, 얼마나 성장했는지를 들려주세요. 이 부분이 사실상의 본문입니다.

이런 '성장 스토리'를 읽으며 읽는 이는 카타르시스를 느낍니다. 읽는 이는 글을 읽으며 글쓴이의 심정에 공감하고, 글쓴이의 분투에 응원을 보내고, 글쓴이의 터닝포인트에 응원을 보냈습니다. 이제는 글쓴이가 멋지게 성장하는 모습을 보며, 마치 자신이 성장한 듯한 대리만족을 느낍니다. 손뼉을 치며 마치 자기 일인 양 글쓴이의 성장을 기뻐합니다. 그리고 이제 나도 달라져야겠다는 감정을 느낍니다. 이것이 바로 '감동'입니다. 공감, 응원, 카타르시스, 교훈. 이 생각들과 감정을 동시에 느끼는 몸과 마음의 반응이 바로 감동입니다. 변화 전 상황 보다 한층 성장한 모습을 보여주며 읽는 이에게 감동을 선물하세요.

성장 스토리를 적을 때는 메타인지 글쓰기와 달리, 겪은 일과 감정, 생각을 함께 적습니다.

🍃 마무리에 미끼 투척하기

마무리 쓰기는 거의 모든 글쓰기 공식에서 같은 패턴으로 적습니다. 글의 내용을 전체적으로 정리하고, 앞으로의 전체적인 방향을 제시하고,

당장의 구체적인 실천 계획을 제시하면서 글을 마무리합니다.

　마지막으로 연습하기 전에 한 말씀 드립니다. 현대인들은 첫 두세 줄에서 흥미를 느끼지 못하면 글을 끝까지 읽지 않죠? 〈달라졌어요 글쓰기 공식〉의 첫머리에도 '미끼'를 투척해 주세요. 무알코올 맥주를 구매한 예시문의 앞부분을 살펴볼까요?

> 보리 향만 맡아도 숨을 헐떡였다. 약을 먹느라 맥주를 마시지 못하니 금단 증상 비슷한 사무침이 밀려왔다. 무알코올 맥주를 마시면 되지 않았을까? 하지만 무알코올 맥주는 내게 혐오 식품이었다. 몇몇 무알코올 맥주를 마셔봤지만, 입맛을 크게 버리고 말았었다. 나는 너무도 우울했다.

　변화 전 상황을 묘사하면서 글을 시작해도 나쁘지 않습니다. 하지만 손님을 유혹하기 위해서는 미끼를 뿌려야 합니다. 저는 '티저 예고편'으로 미끼를 던져보았습니다.

> 양꼬치엔 무알코올 맥주가 식도를 넘어가자 뇌가 물었다. "맥주 마셔도 돼?" 혀는 걱정스러운 말투로 대답했다. "그러게. 맥주인데." 눈은 당황했다. "이거 무알코올인데?"

보리 향만 맡아도 숨을 헐떡였다. 약을 먹느라 맥주를 마시지 못하니 금단 증상 비슷한 사무침이 밀려왔다. 무알코올 맥주를 마시면 되지 않았을까? 하지만 무알코올 맥주는 내게 혐오 식품이었다. 몇몇 무알코올 맥주를 마셔봤지만, 입맛을 크게 버리고 말았었다. 나는 너무도 우울했다.

아래 글감으로 〈달라졌어요 글쓰기 공식〉을 연습해 볼까요? 글은 쓸수록 늘기 마련입니다. 눈으로만 읽지 마시고 연습장을 펼쳐보세요!

연습하기

— 🖉 ○○ 연수를 듣고 나서

— 🖉 ○○ 연구 모임에 들어오고 나서

— 🖉 ○○○○ 영화를 보고 나서

— 🖉 ○○○○ 책을 읽고 나서

— 🖉 실용적인 교구 사용 후기

— 🖉 ○○○ 교수법을 익히고 나니

— 🖉 맛집을 다녀와서

— 🖉 교사로서의 나, 터닝 포인트

— 🖉 자유 주제 (어떤 계기로, 내가 성장하게 된 이야기)

글쓰기 실전 수업!

학 교 에 서
꼭 필 요 한

교사 글쓰기

감성을 통신하다.
가정 통신문 · 단체 문자 쓰기 ,,

Part2에서는 앞에서 우리가 익혔던 글쓰기 기본 공식을 활용해서 만든 학교용 실전·실용 글쓰기 공식을 살펴보겠습니다. 두 번째 챕터에서 익혔던 공식들이 어떻게 변형되는지 주목해 주세요. 혹시 앞 챕터의 공식이 잘 기억나지 않는다면, 잠시 앞 챕터로 가서 살짝 다시 읽고 돌아오셔도 됩니다.

🖋 <가정 통신문 글쓰기 공식>의 쓸모

학급 아이들에게 가정 통신문 보내기, 학부모님에게 단체 문자 보내기는 교사에게 숙명과 같은 일과입니다. 매번 가정 통신문과 긴 단체 문자를 보낼 때마다 진도가 나가질 않는 선생님들 많으시리라 생각됩니다. 보통 글을 어떻게 시작하고 풀어나가야 할지 막막하다는 선생님이 많았습니다.

해마다 3월이 오면 모든 선생님들은 새 학년 새 학급 담임 선생님을 소개하는 가정 통신문을 보내야 합니다. 저 또한 감성이 톡톡 터져 나오는 가정 통신문을 멋지게 쓰고 싶지만 이 광활한 빈 종이를 어떻게 채워야 할지 각이 나오질 않았습니다. 그러다 결국 올 해도 옆 반 선생님이 내려주신 동아줄을 부여잡고 글쓰기 지옥에서 겨우겨우 탈출하곤 했습니다. 그런데 급하게 가정 통신문을 '복붙'해서 쓰다 보니 늘 사고를 쳤습니다. 나는 8반 담임인데, 옆 반 선생님의 학급 이름으로 가정 통신문을 보내거나, 옆 반 시간표 공지하기, 옆 반 학급 규칙 보내기 등등. 민망한 순간이 참 많았습니다.

고등학교는 1년에 정규 지필 평가가 네 번 있습니다. 성적표도 네 번 나가겠지요. 그때마다 성적표에 가정 통신문을 동봉해야 합니다. 나도 내 목소리를 담은 가정 통신문을 보내고 싶은데 왜 나는 안 될까. 학급 행사가 있을 때면 단체 안내 문자를 길게 보내야 할 때도 있습니다. 이때도 막막함은 여전합니다. 옆 반 선생님에게 도움을 구해보려 해도 상황이 여의치 않습니다. 그러니 그냥 짧은 문장 몇 개를 얹어서 문자를 보냅니다. 학급에 어떤 일이 있었는지 학부모님에게 알려주고, 내가 어떤 교육철학을 가졌는지, 아이들과 어떤 활동을 하고 있는지, 가정에서 아이들을 어떻게 지도해주길 바라는지 학부모님에게 내 목소리로 들려주고 싶었습니다. 나도 남에게 의지하지 않고 나만의 가정 통신문을 써보고 싶다. 그런 욕망이 꿈틀 꿈틀거렸습니다. 선생님은 어떠신가요? 혹시 저처럼 해마다 옆 반 선생님의 가정 통신문을 빌려서 쓰시나요. 아니면 10년째 연도만 고쳐서 쓰는 '고전' 가정 통신문을 재활용하시나요?

　글쓰기 공부에 들어가고 몇 해 후 겨우겨우 글쓰기 기본 공식을 만들 수 있었습니다. 이제 '일상' 글쓰기에는 자신감이 붙었지만 여전히 가정 통신문 글쓰기는 어려웠습니다. 그러던 어느 날 문득. 이런 생각이 들었습니다. 글쓰기 기본 공식을 살짝 손본다면 학교용 실전-실용 글쓰기 공식을 만들 수 있지 않을까? 무릎을 '탁' 치고 이마를 '탁' 쳤습니다. 가정 통신문 글쓰기 역시 '글쓰기'인데, 이 간단한 원리를 왜 몰랐을까! 다년간의 임상 시험 끝에 3상을 통과하여 가정 통신문 글쓰기 공식을 만들었습니다. 나도 이제는 내 목소리로 가정 통신문을 직접 쓸 수 있다는 생각에 너무 기뻤습니다. 이것은 마치 기존 약물을 재창출하여 새로운 신약을 개발하는 데 성공한 제약 회사 대표의 심정 같았습니다.

　가정 통신문 글쓰기 공식은 〈메타인지 글쓰기 공식〉과 〈달라졌어요 글쓰기 공식〉을 응용하면 됩니다. 두 공식 모두 기억나시지요? 원래 있던 공식을 변형해서 만들었다는 것을 기억하기 위해 공식 이름을 이렇게 지었습니다. 〈가정 통신문 글쓰기 from 메타인지 글쓰기 공식〉, 〈가정 통신문 글쓰기 from 달라졌어요 글쓰기 공식〉 공식 이름이 너무 길죠? 그래서 공식 이름을 줄여봤습니다. 〈메타인지 가정 통신문 공식〉과 〈달라졌어요 가정통신문 공식〉.

　두 공식은 활용하는 장면이 조금 다릅니다. 〈메타인지 가정 통신문 공식〉은 새 학년 담임 소개할 때, 일상적인 공지사항을 알려줄 때 주로 쓰시면 좋습니다. 〈달라졌어요 가정통신문 공식〉은 선생님과 아이들이 이루어낸 '성과'를 홍보할 때 쓰면 좋습니다. 〈가정 통신문 글쓰기 공식〉

의 '쓸모'는 크게 세 가지입니다. 감성이 묻어나는 가정 통신문 쓰기, 빠르게 쓰기, 학부모님에게 믿음 주기 등입니다.

첫째, 글에서 향내가 나고 글맛이 느껴지는 가정 통신문을 쓸 수 있습니다. 그동안 작성했던 가정 통신문은 너무 사무적인 느낌이 많았습니다. 날씨 이야기로 글을 시작하고 취지를 설명한 후에 글 상자 안에 날짜와 장소를 안내했습니다. 동사무소 통지문과 크게 다르지 않았습니다. 〈가정 통신문 글쓰기 공식〉을 활용해보세요. 감성이 짙게 묻어 있는 한 편의 에세이 같은 따스하고 포근한 가정 통신문을 쓸 수 있습니다.

둘째, 긴 분량의 글도 빠르고 쉽게 쓸 수 있습니다. 가정 통신문을 쉽게 쓰지 못했던 이유는 쓸 내용이 없어서가 아니었습니다. 써야 할 내용은 알고 있는데 어떻게 써야 할지 모를 뿐이었습니다. 공식에 맞춰서 내용을 집어넣기만 하면 글 한 편을 뚝딱 만들 수 있습니다. 쉽고 빠르게 글을 쓸 수 있게 되니 학부모 단체 문자도 자주 보내게 되었습니다. 줄기차게 진심을 담아 긴 단체 문자를 보내다 보면 담임교사의 문자를 스팸처리 하고픈 마음이 들지도 모릅니다. 하지만 대다수 학부모님은 "아, 우리 선생님이 정말 열심이시구나."하고 고마워하십니다. 양과 질과 속도를 한 번에 누려보세요.

셋째, 학부모님에게 믿음을 조금이나마 더 드릴 수 있습니다. 우리 아이가 학교에서 잘 지내고 있는지, 우리 담임 선생님은 아이를 어떻게 지도하고 있는지 부모 된 이들은 너무도 궁금합니다. 학교에서 오는 소식은 때로는 무소식이 희소식일 때가 많습니다. 가끔 학부모님에게 전화를 걸면 "우리 아이에게 무슨 일이 생겼나요?" 하며 놀라시는 분들 참 많습니다. 하지만 무소식보다는 일상 소식을 종종 보내드리면 그렇게도 반가워하십니다. 우리 아이가 학교에서 이런 수업을 받고 있구나, 이런 활동을 하고 있구나. 거기에 담임 선생님이 어떤 방식으로 아이들을 지도하고 가르치고 함께 하는지를 알리는 가정 통신문을 종종 받게 되시면 어떤 마음이 들까요? 실제로 한 노력과 믿음을 보여드리면 학부모님에게 작은 선물이 될 수 있습니다. 말은 해야 말이고, 이야기는 들려줘야 이야기입니다. 학부모님에게 아이들의 이야기를 들려주세요. 또 선생님의 노고를 들려주세요. 생색내기가 아니라 믿음 선물 드리기랍니다. 그렇기에 가정 통신문과 긴 단체 문자를 보낼 때는 지켜야 할 기본적인 '자세'가 있습니다.

바로 위로, 희망, 열심, 안심. 학부모님은 위로가 필요합니다. 일반적인 상황에서 일반적인 학부모님이라면 아이를 키우느라 많이 지쳐 있습니다. 부모가 되는 일은 참으로 어려운 일입니다. 자신의 삶에 누렸던 많은 것들을 아이를 위해 내려놓아야 합니다. 내 삶의 많은 부분을 희생해 아이를 길러왔지만, 아이가 내 뜻과 달리 엇나가거나 더디게 자랄 때가 참 많습니다. 교사가 학부모의 마음까지 달래주어야 하냐고 물을 수도 있습니다. 물론 교사가 해야 할 영역은 분명 아닐 겁니다. 하지만 감성이 묻어나는 가정 통신문을 쓰기 위해서는 "아하. 학부모님은 위로가 필요하구나"를 기억하면 많은 영감을 얻을 수 있습니다.

학부모님에게 희망을 주세요. 일반적인 상황에서 일반적인 학부모님이라면 우리 아이도 잘 성장할 수 있음을 확인하고 싶어 합니다. 우리 아이도 할 수 있다는 희망을 들려주세요. 선생님이 열심히 아이들을 지도하고 있음을 알려주세요. 일은 원래 티를 팍팍 내면서 하는 겁니다. 거짓을 알리면 범죄입니다. 하지만 사실을 들려주는 일은 때로는 위로, 희망 그리고 안심을 주는 좋은 기회입니다. 가정통신문에 위로, 희망, 열심, 안심을 담으세요. 〈가정 통신문 글쓰기 공식〉을 활용하면 가정에 소통과 신뢰를 한 숟가락 전해줄 수 있습니다.

사실 학부모님과 담임교사의 관계는 매우 조심스럽습니다. 때로는 탓, 오해, 상처, 분노, 미움, 저주, 좌절, 번아웃 등 어두운 단어가 이 '관계'에 짙게 묻기도 합니다. 참으로 나누고픈 이야기가 너무도 많습니다. 우리 '업계 비밀'은 잠시 가슴 한편에 묻어두고 감성이 묻어나는 〈가정 통신문 글쓰기 공식〉을 함께 살펴볼까요?

✍ 가정 통신문 글쓰기 from 메타인지 글쓰기 공식

메타인지 가정 통신문 공식

Step 1. 학교에서 일어난 일 적기

Step 2. 걱정과 오해들 그리고 위로 쓰기

Step 3. 메타인지 질문 던지기

Step 4. 질문에 대답하는 교사의 생각 넣기

Step 5. 마무리 (정리 / 방향 제시 / 구체적 일정 안내)

〈메타인지 가정 통신문 공식〉은 새 학년 새 학급 담임 교사를 소개하거나 학교에서 어떤 일이 있었는지를 알리기, 앞으로 진행할 일정을 알릴 때 주로 활용합니다. 우선 〈메타인지 가정 통신문 공식〉을 전체적으로 살펴보겠습니다.

Step 1 **학교에서 일어난 일 적기**

학교에서 있었던 일을 적거나 앞으로 일정을 적습니다. 〈메타인지 글쓰기 공식〉에서 '에피소드'를 적는 단계 기억나시죠? 어떤 행사가 있었는지를 적거나 앞으로 하게 될 일을 에피소드를 적듯이 씁니다.

Step 2 **걱정과 오해들 그리고 위로 전하기**

〈메타인지 글쓰기 공식〉에서 '첫 번째 생각'을 적는 단계 기억나시죠? 첫 번째 생각은 메타인지 질문 단계를 거치면서 진짜 생각을 찾기 전의 생각입니다. 깨닫기 이전 생각이라고도 합니다. 학부모님들의 오해 또는 걱정을 적습니다. 또는 아이들의 어리광스러운 생각을 적습니다. 〈메타인지 글쓰기 공식〉에서 '첫 번째 생각'을 적을 때 "독자에게 공감을 끌어내세요."라고 했던 말 기억하시죠? 〈메타인지 가정 통신문 글쓰기〉에서도 마찬가지입니다. 학부모님이 흔히 가질 수 있는 걱정과 오해에 공감해주세요. 아이들의 어리광스러운 귀여운 생각에도 공감을 나눠주세요. 학부모님은 고개를 끄덕이며 스멀스멀 올라오는 감성에 젖어 들 것입니다. 내일 야외 체험학습을 떠난다는 가정 통신문을 보낸다면 "아이들은 학교를 벗어나 놀러 간다는 생각에 일주일 내내 들떠있답니다.",

"버스를 타고 먼 곳까지 이동하는 과정에서 행여 사고가 날까 많이 걱정하실 줄 압니다."처럼 학부모님과 아이들의 '첫 번째' 생각에 공감을 나누세요.

Step 3 메타인지 질문 던지기

학부모님과 아이들이 미처 생각하지 못했던 질문을 던집니다. 질문의 방향은 학부모님이 위로, 희망, 안심을 느낄 수 있는 쪽으로 향합니다. 학교에서 있었던 일과 진행될 일들의 진짜 의미가 무엇인지 질문을 드리세요. "우리 아이들이 체험학습을 통해 누려야 할 학습 효과는 어떤 것이 있을까요?" 공감했던 학부모님이 끄덕이던 고개를 멈추고 가정 통신문을 더 가까이 읽기 위해 몸을 당기게 만드세요.

Step 4 질문에 대답하는 교사의 생각

사실상 가정 통신문의 본문에 해당하는 단계입니다. 선생님의 열심을 학부모님에게 들려주세요. 오해를 덜어드리고, 걱정을 내려드리고, 희망을 안겨드릴 시간입니다. 공감, 호기심을 선물 받은 학부모님은 선생님의 '열심'에 푹 빠져들 겁니다.

Step 5 마무리 (정리 / 방향 제시 / 구체적 일정 안내)

〈메타인지 글쓰기 공식〉의 마무리 3단계와 원리가 같습니다. 가정 통신문의 전체적인 내용을 한, 두 문장으로 정리합니다. 그리고 이번 행사의 전체적인 방향을 알려드립니다. 그리고 끝으로 가정 통신문의 백미라고 할 수 있는 '글 상자'를 제시하면 됩니다. 일정, 장소, 비용 등 구체적인 내용을 글 꼬리에 달면 글 한 편이 뚝딱 만들어집니다.

〈메타인지 가정 통신문 공식〉을 예시문을 통해 정리해볼까요? 고등학교 새 학년 담임 소개 가정 통신문입니다.

---

❶ 학교에서 일어난 일/학교에서 일어날 일

"안녕하세요. 태일 고등학교 1학년 8반 담임을 맡게 된 교사 김차명입니다. 학부모님들에게 편지로나마 이렇게 첫인사를 드립니다. 오늘 우리 아이들이 중학생에서 고등학생으로 진급한 입학식이 열렸습니다. 긴장된 표정과 설레는 표정을 번갈아 짓는 아이들이 귀엽고 듬직해 보였습니다."

❷ 걱정과 오해들 그리고 위로

"마지막 학창 시절을 보낼 고등학교 3년의 세월에 많은 걱정과 불안이 있으리라 생각합니다. 내신 관리는 어떻게 해야 하는지, 대회 준비, 수행평가, 수능 준비, 동아리, 교과 세부 능력 및 특기 사항은 어떻게 준비해야 하는지 막막한 심정을 느끼시는 학부모님들이 많습니다. 그리고 우리 아이들도 부모님들만큼이나 큰 걱정과 불안 속에서 첫날을 시작했습니다."

❸ 메타인지 질문 던지기

"하지만 그 걱정된 마음을 기대와 희망으로 바꿔보면 어떨까요. 우리 아이가 오늘부터 시작된 고등학생의 시간 동안 바른 인성과 적극적인 진로 탐색 의지를 키워나가고 멋진 어른이 될 것이라 기대하는 첫날이 되길 바랍니다."

---

❹ 질문에 대답하는 교사의 생각

"아이들이 새로운 학교에 잘 적응할 수 있도록 담임교사가 할 수
있는 모든 노력과 열정으로 최선을 다해 지도하겠습니다. 아이가
입시로 고통 받을 때마다 항상 작은 위로와 명확한 방향 제시로 함
께하겠습니다. 자기 주체적인 어른의 삶을 살 수 있도록 늘 진심
어린 진로 코칭을 함께하고자 합니다. 늘 학급이 평화롭고 화목할
수 없겠지만 갈등이 생기지 않도록 인성 교육에 힘쓰고, 갈등을 잘
헤쳐 나갈 수 있도록 바른 중재자가 되고자 전심으로 돌보도록 하
겠습니다. 무엇보다 우리 아이들의 고등학교 3년의 첫해가, 자기
삶의 가치를 느끼고 자존감을 키울 수 있도록 소통의 시간을 많이
갖도록 하겠습니다. 불안이 기대로 걱정이 희망으로 바뀌어 갈 수
있도록 늘 함께하겠습니다."

❺ 마무리(정리 / 방향 제시 / 구체적 일정 안내)

"우리 아이가 언제 이렇게 컸을까 싶은 하루였습니다. 아이들의 작
은 성장들이 더욱 이어나갈 수 있는 고등학교 3년의 첫해가 되길
진심으로 기대합니다."

❺-1 구체적 일정 안내

"향후 일정은 수시로 알려드릴 예정입니다. 우선, e알리미에 가
입하시고 (설명), 임시 시간표는 (설명), 신발주머니와 (설명), 카
톡은 (설명), 몇 시부터 몇 시까지는 (설명 또 설명). 귀한 자녀를
저희 학급에 보내주셔서 다시 한 번 진심으로 감사드립니다. 저
역시 아이들에게 귀한 존재가 되도록 최선을 다해 가르치겠습니
다. 환절기 늘 건강하시고 더 행복한 하루되시길 바랍니다."

〈메타인지 가정 통신문 공식〉을 모두 살펴봤습니다. 글은 써볼수록 좋습니다. 아래 주제들로 〈연습하기〉를 해볼까요?

연습하기

—✎ 새 학년 가정 통신문 / 단체 문자 보내기

—✎ 성적표 가정 통신문 / 단체 문자 보내기

—✎ 졸업식 - 종업식 가정 통신문 / 단체 문자 보내기

—✎ 체험학습 안내 가정 통신문 / 단체 문자 보내기

—✎ 학급 행사 이벤트 가정 통신문 / 단체 문자 보내기

—✎ 체육대회 가정 통신문 / 단체 문자 보내기

—✎ 축제 - 학예회 가정 통신문 / 단체 문자 보내기

🖊 가정 통신문 글쓰기 from 달라졌어요 글쓰기 공식

> **달라졌어요 가정통신문 공식**
>
> **Step 1.** 이전 아이들의 모습 / 학급의 분위기 적기
> **Step 2.** 터닝포인트 (교사의 신념, 철학, 노력, 전문성) 쓰기
> **Step 3.** 성장 스토리 만들기
> **Step 4.** 마무리 (정리, 아쉬웠던 점과 방향 제시, 구체적 계획)

〈달라졌어요 가정통신문 공식〉은 '홍보성' 가정 통신문을 보낼 때 활용하면 좋습니다. 담임 선생님과 아이들이 노력해서 이룬 성과를 알릴 때 주로 사용합니다. 〈달라졌어요 글쓰기 공식〉 기억나시죠? 변화를 향한 갈망, 그리고 발견한 변화의 계기! 그리고 성장해나가는 모습! 〈달라졌어요 가정통신문 공식〉 역시 변화에 초점을 둔 글쓰기 공식입니다. 선생님의 노력 덕에 아이들이 이만큼 성장했다는 소식을 학부모님에게 알려주세요. 원래 일은 티를 내면서 해야 하고 생색은 내야 할 때는 내주어야 합니다. 누군가 알아서 알아주겠지 하고 알리지 않으면, 누구도 알지 못합니다. 무소식이 언제나 희소식이진 않습니다. 선생님의 노력과 그 노력으로 인해 아이들이 조금씩 성장하고 있다는 소식은 학부모님에게 喜熙希(기쁘고, 빛나고, 희망찬) 소식입니다. 피할 것은 피하고, 알려야 할 것은 알립시다!

Step 1 **이전 아이들의 모습 / 학급의 분위기 적기**

첫 번째 스텝에서는 성장하기 이전 아이들의 모습을 적어줍니다. 학습 능력, 학급 분위기, 인성, 습관 등 달라지기 이전 모습을 학부모님에게 들려주세요. 단, 너무 우울하고 적나라하게 묘사하면 자칫 학부모님에게 걱정과 불안을 더 끼칠 수 있겠죠? "처음 반 아이들의 분위기는 그야말로 히말라야의 산 정상처럼 적막 그 자체였습니다."라든가 "제가 학급 이벤트를 열어주기 전 반 분위기는 이권 다툼 때문에 서로 살벌하게 눈빛을 나누는 조직 폭력배 무리 같았습니다."라는 식으로 묘사하면 안되겠죠? 가정 통신문을 작성할 때 기본자세를 잊지 말아주세요. 위로, 희망, 열심, 안심을 전하는 글이 가장 중요합니다.

Step 2 **터닝포인트 (교사의 신념, 철학, 노력, 전문성) 쓰기**

아이들에게 변화가 필요한 이유를 알려주세요. 그리고 그 변화를 끌어와 줄 계기가 무엇인지 들려주세요. 담임교사가 왜 이런 노력을 군이 하려고 하는지 이유를 알려주는 단계입니다. "왜 그런 일을 하고 그래요? 군이?"가 아니라 "아하. 그래서 이런 엄청난 노력을 하셨군요." 하는 반응을 끌어내세요. 선생님의 교육철학, 교육적 신념, 노력 그리고 전문성을 드러내고 적어도 좋습니다.

Step 3 **성장 스토리 만들기**

이제 본격적인 성장 스토리를 들려줄 차례입니다. 아이들이 경험한 학습, 학급 이벤트, 상담 활동 등을 구체적으로 묘사합니다. 그리고 이를 통해 아이들이 처음과 달리 어떻게 성장했는지 자랑스럽게 학부모님에게 들려주세요. "우리 선생님. 너무 멋지다." 하는 반응이 절로 나오도록 친절하고 따뜻한 어투로 '생색'을 낼 차례입니다. 아무것도 하지 않고 생색을 내면 미운 짓이지만, 열심히 한 흔적을 생색내는 일은 고마운 일입니다.

Step 4 마무리 (정리, 아쉬웠던 점과 방향 제시, 구체적 계획)

마무리 단계는 기본 글쓰기 공식의 마지막 단계와 같습니다. 가정 통신문의 전체적인 내용을 한두 문장으로 정리합니다. 그리고 이번 성과 이면에 가려진 아쉬웠던 점을 제시합니다. "저는 완벽합니다." 보다는 "이번 일은 이러한 성과가 있었습니다만, 저러한 아쉬운 점도 발견했습니다."라고 하는 자기 고백에 우리는 더 신뢰를 느낍니다.

모든 것이 완벽하니 나를 믿고 따르라고 하는 사람은 사이비 교주이거나 사기꾼일 겁니다. 그러나 아쉬운 점을 말하는 이 순간에도 희망과 열심을 어필하세요. 부족한 부분을 앞으로 채워나가겠다는 메시지를 던집니다. 그리고 더 나은 성장을 위해 앞으로 어떠한 노력을 함께할 것인지 구체적인 계획들을 적습니다. 아이들의 훈훈한 성장 스토리를 읽은 학부모님은 감명, 감동, 감탄, 감사를 느낄 겁니다. 선생님의 '열심'을 '열심히' 알릴수록 학부모님은 위로, 희망, 안심을 얻습니다.

그럼, 이제 〈달라졌어요 가정통신문 공식〉 예시문을 통해 정리해볼까요? 학년 초 아이스 브레이킹을 위해 준비한 학급 행사 소식을 학부모님에게 알려주는 가정 통신문입니다.

❶ 이전 아이들의 모습 / 학급의 분위기 적기

"8반 담임 교사입니다. 학부모님들의 관심 덕분에 아이들과 첫 학급 이벤트인 고기 파티가 잘 마무리되었습니다. 학년 초에는 아이들이 서로 낯을 가리며 같은 반 아이들의 얼굴과 이름도 잘 몰랐었습니다. 덕분에 쉬는 시간 교실에는 침묵만 가득하고 수업 시간에도 협동 학습 때 소극적인 모습을 보이고 발표를 희망하는 아이들도 적었습니다."

❷ 터닝포인트 (교사의 신념, 철학, 노력, 전문성 덕에) 쓰기

"서로 배려하며 소통하는 학급 문화를 만들어가는 것은 매우 중요한 일입니다. 배려하는 소통이 전제되어야 평화롭고 화목한 학급 문화를 만들 수 있습니다. 또한, 수업 시간에 서로 협력하고 적극적으로 참여하는 문화가 만들어지리라 생각합니다. 그래서 해마다 이렇게 학년 초에 고기 파티를 열어주고는 합니다."

❸ 성장 스토리 만들기

"조를 짜주고 서로 이름을 나누고 역할을 분담하게 했습니다. 고기에 진심인 어떤 아이는 부위별로 역할을 분담하며 너는 삼겹살 너는 목살 너는 상추 너는 특수부위 이렇게 회의하는 모습을 보며 너무 귀엽기도 했습니다. 서로 고기를 굽고 밥을 데우며 배 속을 든든히 채우는 동안 아이들이 서로 마음을 열었습니다. 반장이 먼저 나서서 노래 한 곡을 뽑자 갑자기 조별 장기자랑이 펼쳐지기도 했습니다. 이제 수업 시간과 쉬는 시간에도 이런 예쁜 소통 문화가 천천히 자리 잡으리라 기대해봅니다."

❹ 마무리

"학부모님들의 귀한 수고로 학급의 문화가 한층 더 밝아졌던 하루였습니다."

❹-1 아쉬웠던 점과 방향 제시

"다만 너무 친해진 나머지 수업 시간에 집중력이 다소 흐트러지지 않도록 늘 주의시키겠습니다. 학생들 사이에 소통이 원활해지면 간혹 나쁜 감정의 유통도 시작되고는 합니다. 친구들끼리 파를 가르고 따돌림과 갈등이 함께 오고 가지 않도록 매일 아이들 인성 교육에 최선을 다하고자 합니다."

지금까지 〈달라졌어요 가정통신문 공식〉을 모두 살펴봤습니다. 글은 쓸수록 는답니다. 아래 주제들로 〈연습하기〉를 해볼까요?

연습하기

—✏ 새 학년 가정 통신문 / 단체 문자 보내기

—✏ 성적표 가정 통신문 / 단체 문자 보내기

—✏ 졸업식 - 종업식 가정 통신문 / 단체 문자 보내기

—✏ 체험학습 안내 가정 통신문 / 단체 문자 보내기

—✏ 학급 행사 이벤트 가정 통신문 / 단체 문자 보내기

—✏ 체육대회 가정 통신문 / 단체 문자 보내기

—✏ 축제 - 학예회 가정 통신문 / 단체 문자 보내기

2 조회 시간을 여는 글,
싫은 말·좋은 말 글쓰기

✎ <싫은 말·좋은 말 글쓰기 공식>의 쓸모

담임교사를 하다 보면 아이들에게 '좋은 소리'만 들려주기 참 어렵습니다. 청소 좀 제대로 하자, 교실에서 뛰지 말자, 가져오라는 종이는 제발 빨리 가져오자, 분리수거 좀 해주라, 학교 근처에서 담배 좀 피지 마라, 수업 시간에 그만 자자, 밤에 일찍 자자, 교과서는 갖고 다니자 등등.

그런데, 기왕 할 싫은 말이라면 조금은 체계적이고 우아하고 그럴싸하게 들려주고 싶은데, 이게 마음처럼 쉽지가 않습니다. 대면 상황에서 싫은 말을 전달하는 것은 그나마 할 만합니다. 표정과 눈빛, 손짓, 목소리 톤의 힘을 빌려서 얼마나 내가 지금 이 상황을 싫어하는지를 표현할 수 있습니다. 그런데 '싫은 말씀'을 글의 형태로 전달하는 일은 정말 힘듭니다. 아이들에게 따끔하게 해줄 말은 머릿속에 항상 가득합니다. 그런데 글로 풀어내는 일은 왜 이리도 어려울까요. <싫은 말·좋은 말 글쓰기 공식>은 바로 그 순간에 활용하면 좋습니다. 아이들에게 기

왕 싫은 소리를 해야 한다면 짜임새 있게 하는 편이 낫겠죠? 〈싫은 말·
좋은 말 글쓰기 공식〉을 활용하면 학급 커뮤니티나 학급 게시판에 우아
한 '잔소리 포고문'을 쉽게 작성할 수 있습니다. 말과 글은 닿아있습니
다. 조회, 종례 때 아이들에게 따끔한 소리를 전해줄 때도 활용하면 좋
습니다.

반대로 삶에 교훈이 되는 이야기, 덕담, 용기를 주는 말과 글을 들려
줍니다. 있는 그대로의 자기 자신을 사랑하자, 진정한 행복이 무엇인지
늘 찾아가자, 우리는 할 수 있다, 서로 존중하며 살자 등등. 그런데 '좋은
말'을 아이들에게 즉흥적으로 들려주다 보면 이야기가 산으로 가는 경
우가 잦습니다.

기왕 들려줄 좋은 말이라면 조금은 체계적이고 우아하고 그럴싸하
게 들려주고 싶은데, 이게 마음대로 잘 되지가 않습니다. 아이들과 얼
굴을 마주한 장면에서는 상황의 공기를 타며 그럭저럭 잘 해냅니다. 따
뜻한 미소, 촉촉한 눈빛, 확신에 찬 목소리 톤의 힘을 빌려, 얼마나 내가
그대들에게 힘을 주고 싶은지를 표현할 수 있습니다. 그런데 이걸 글로
써보려면 참 어렵습니다. 아이들에게 주고픈 교훈은 머릿속에 한가득
합니다. 그런데 글을 쓰는 일은 왜 그리도 어려운 일일까요. 〈좋은 말 글
쓰기 공식〉은 바로 이 순간에 활용하면 좋습니다.

공식에 맞춰서 문장을 배열하는 것만으로도 짜임새 있고, 울림을 주
는 글을 쉽게 쓸 수 있습니다. 학급 SNS나 학급 게시판에 다른 이의 글
을 복사해서 붙이는 것도 좋지만, 나의 목소리를 담은 내가 직접 쓴 글
을 아이들에게 보여주는 일은 더 좋은 일입니다. 글은 말과 닿아있습니

다. 〈좋은 말 글쓰기 공식〉은 말하기 공식이기도 합니다. 조회, 종례 때 그리고 수업 시간 틈틈이 아이들에게 따뜻한 소리를 전해줄 때도 활용하면 좋습니다.

〈싫은 말 글쓰기 공식〉은 〈메타인지 글쓰기 공식〉을 응용해서 만들었습니다. 〈메타인지 글쓰기 공식〉이 어떻게 변형되었는지 유념해서 보시면 글쓰기 공식을 내 것으로 만드는 데 많은 도움이 되실 겁니다. 〈싫은 말 글쓰기 공식〉을 한 번 더 응용하면 〈비평문 글쓰기 공식〉으로 확장해서 사용할 수 있습니다. 아이들의 잘못된 태도를 지적하는 것처럼 정책, 문화, 시사 이슈 등을 비평하는 셈이죠. 〈좋은 말씀 글쓰기〉공식 역시 〈메타인지 글쓰기 공식〉을 응용해서 만들었습니다. 그러니 책장을 넘기시기 전에 〈메타인지 글쓰기 공식〉을 복습하고 오면 좋겠죠?

✍ 〈싫은 말 글쓰기 공식〉

싫은 말 글쓰기 공식

Step 0. 미끼 던지기 : 티저 예고편

Step 1. 학급에 벌어진 이슈

Step 2. 학생들의 생각

Step 3. 메타인지 질문 던져주기

Step 4. 선생님의 견해와 비평 담기

Step 5. 마무리 (정리, 방향 제시, 구체적 제안)

〈싫은 말 글쓰기 공식〉은 학생들에게 따끔한 '잔소리'를 들려줄 때 활용하면 좋습니다. 글쓰기 공식으로 활용할 수 있고 말하기 공식으로도 사용할 수 있습니다. 〈싫은 말씀 글쓰기 공식〉을 전체적으로 살펴볼게요.

Step 0 미끼 던지기 : 티저 예고편

아이들에게 어떤 이야기를 들려줄지 먼저 건넵니다. "근래 들어서 친구를 함부로 대하는 아이들이 많습니다."처럼 이야기의 전체적인 방향을 먼저 던져줍니다. 글을 읽거나 말씀을 들을 아이들의 주위를 환기하는 과정입니다. 약간의 긴장감을 공유하는 순서입니다.

Step 1 학급에서 벌어진 이슈

〈메타인지 글쓰기 공식〉의 '에피소드 쓰기' 단계와 같습니다. 최근 학급에 벌어진 일을 들려줍니다. 아이들이 상황을 객관적으로 인식하게 합니다. 소설의 시점은 1인칭 주인공 시점, 3인칭 관찰자 시점 등으로 나뉩니다. 선생님이 상황을 객관적으로 서술하면서 아이들이 학급 이슈를 3인칭 관찰자 시점으로 돌아보게 합니다. 또한, 아이들이 미처 보지 못한 장면, 생각하지 못했던 모습들도 들려주세요.

Step 2 학생들의 생각

〈메타인지 글쓰기 공식〉의 '첫 번째 생각' 단계와 같습니다. 첫 번째 생각은 '깨닫기 이전' 생각입니다. 메타인지 질문을 던지면서 새로운 생각을 찾아내기 이전의 생각입니다. 아이들의 잘못된 생각이나 행동을 고쳐주기, 선생님이 아이들의 생각을 객관화해서 들려주는 단계입니다. 문제를 해결하기 위해서는 '문제 인식' 과정을 확실히 거쳐야 합니다. 문제 인식 과정은 크게 세 가지입니다. 상황 파악, 원인 분석, 방치 시 나타날 상황 예측하기. 현 상황이 어떠한지 객관적으로 인지하고, 이러한 일이 발생하게 된 원인을 분석해야 합니다. 그리고 이를 내버려 두게 되었을 때 발생할 수 있는 상황을 예측합니다. 학생들이 현재 가진 잘못된 생각을 들려주는 일은 문제 해결을 위해 매우 중요한 단계입니다.

Step 3 메타인지 질문 던져주기

'先生님'. 먼저 태어나 삶의 이치를 조금이라도 더 깨달은 사람. 아이의 성장을 위해서라는 확신을 가져야 할 단계입니다. 학생들이 미처 생각지 못했던 질문을 던집니다. "이 상황을 그대로 놔두게 되면 어떤 일이 벌어지게 될지 고민 해보았나요?"처럼 아이들의 사고와 감정을 자극할 수 있는 질문을 던져줍니다. 지금 그대들의 생각에 문제는 없는지 돌아보게 해주세요.

Step 4 선생님의 견해와 비평 담기

〈싫은 말씀 글쓰기 공식〉의 본문 단계입니다. 아이들의 행동과 생각이 어떠한지 객관적으로 알려주고, 그 행동에 어떤 문제가 있는지 지적했습니다. 이제 그 행동과 생각을 어떻게 바꾸어야 하는지 들려주는 순서입니다.

마무리(정리, 방향 제시, 구체적 행동)

마무리 단계는 다른 글쓰기 공식과 같습니다. 한두 문장으로 글을 전체적으로 정리합니다. 그리고 앞으로 우리가 나아가야 할 거시적인 방향을 제시합니다. 여기서 멈추게 되면 아이들이 자칫 "어우. 지겨운 잔소리 끝났네." 하며 잔소리 듣느라 수고했다고 서로 격려할지 모릅니다. 이때 바로 당장 지금부터 달라져야 할 구체적인 계획과 행동 지침을 내립니다. 〈싫은 말 글쓰기 공식〉의 흐름이 이해되시죠? 주위를 환기하고, 최근에 있었던 일들을 상기시킵니다. 그리고 이 안건을 학생들이 가볍게 여기고 있음을 지적합니다. 이번 이슈의 의미를 가볍게 여기지 말아야 함을 알려주고 선생님의 생각을 들려줍니다. 이제 그렇다면, 우리는 어떻게 달라져야 하는지를 알려주면 따끔하지만 따끈한 〈싫은 말씀〉 글 한 편이 뚝딱 만들어집니다.

그럼, 〈싫은 말 글쓰기 공식〉을 예시문을 통해 정리해볼까요? 아이들이 분리수거를 제대로 하지 않아 청소 담당 학생이 힘들어하는 상황입니다.

> **Step 0. 티저 던지기**
> "선생님이 오늘은, 우리 반 분리수거 문제에 관해서 이야기하려고 합니다."

Step 1. 학급에서 벌어진 이슈

"요즘 분리수거를 제대로 하지 않는 학생들이 많아지고 있습니다. 분명히 분리 수거통이 있음에도 여기저기 쓰레기들을 함부로 버리는 경우가 많습니다. 그 때문에 분리수거를 담당하는 태범 친구가 너무 고생하고 있습니다."

Step 2. 학생들의 생각

"나 하나쯤 대충해도 되겠지 하는 생각하는 친구들이 많아요. 이게 무슨 큰 잘못일까? 하는 생각을 하는 친구들이 있습니다."

Step 3. 메타인지 질문 던져주기

"분리수거를 제대로 하지 않는 것이 정말 별것 아닌 문제일까요? 분리수거를 제대로 하지 않게 되면 분리수거 담당인 태범이만 힘든 것이 아닙니다. 우리 반 친구들 모두가 피해를 보게 된다는 걸 알아야 하지 않을까요?"

Step 4. 선생님의 견해와 비평

"여러분들이 마구 버린 쓰레기를 다시 일일이 줍고 분리수거하느라 태범이와 선생님이 고생합니다. 남을 괴롭히는 사람이 되고 싶어서 쓰레기를 함부로 버렸나요? 아니잖아요? 우리가 분리수거하는 이유가 무엇인지 잊었나요? 여러분은 우리가 살아가야 할 소중한 지구 환경을 파괴하고 싶었나요? 아니죠? 지금 여러분들의 행동은 결코 가벼운 잘못이 아니라는 것을 깨달아야 합니다."

Step 5. 마무리

"분리수거를 제대로 하지 않는 행동은 매우 나쁜 행동입니다."

"앞으로 우리 반은 당분간 분리수거 습관이 제대로 잡힐 때까지 강하게 지도하겠습니다. 당분간 쓰레기통을 치울 예정이니, 여러분들 모두 봉투 네 개씩 갖고 오세요. 거기서 직접 분리수거를 하고, 나중에 수거하겠습니다. 바른 습관이 잡히면 다시 원래대로 돌아갈 겁니다. 우리, 잘 좀 합시다. 우리 잘할 수 있어요. 그렇죠? 선생님은 여러분을 믿습니다!"

〈싫은 말 글쓰기 공식〉을 모두 살펴봤습니다. 글은 쓸수록 는답니다. 아래 주제들로 〈연습하기〉를 해볼까요?

연습하기

— 🖊 청소 시간

— 🖊 수업 시간

— 🖊 쉬는 시간

— 🖊 점심시간

— 🖊 가정 통신문

— 🖊 복도 질서

— 🖊 흡연 문제

— 🖊 시험 준비

🖊 <좋은 말 글쓰기 공식>

좋은 말씀 글쓰기 공식

Step 0. 미끼 던지기 : 티저 예고편

Step 1. 좋은 이야기 들려주기

Step 2. 우리의 모습을 돌아보게 하기

Step 3. 좋은 이야기가 우리에게 주는 질문

Step 4. 선생님의 생각 들려주기

Step 5. 마무리 (정리, 방향 제시, 구체적 행동)

사실 우리 선생님들은 아이들에게 싫은 소리, 잔소리보다는 '좋은 말씀'을 더 자주 들려줍니다. 잘 해보자, 할 수 있다, 힘을 내자, 자신을 사랑하자, 삶은 아름답다, 인생의 주인공이 되자. 좋은 이야기를 들려줄 때는 다른 사람의 이야기에 내 목소리를 얹어주면 스토리텔링이 튼튼해집니다.

〈좋은 말 글쓰기 공식〉은 속담, 명언, 위인 이야기 등을 인용해서 아이들의 성장에 도움을 주는 글을 쓸 때 활용하는 글쓰기 공식입니다. 아이들에게 힘을 주는 글을 학급 커뮤니티에 올리거나 학급 게시판에 붙일 때 활용하면 좋습니다. 글쓰기와 말하기는 닮아있습니다. 아침을 여는 조회 시간에 아이들에게 영감과 기운을 불어넣어 주는 훈화를 들려줄 때 참 좋습니다.

저는 '훈화'의 뜻을 '훈훈한 이야기'라고 우기고 있습니다. 학교에 주차하고 교실까지 걸어가는 짧은 시간 동안 〈좋은 말 글쓰기 공식〉을 활용해서 오늘의 '훈화'를 구상합니다. 〈좋은 말 글쓰기 공식〉은 〈메타인지 글쓰기 공식〉과 〈싫은 말 글쓰기 공식〉을 응용해서 만들었습니다. 공식이 익숙할 테니 예시문과 함께 바로 공식을 살펴볼까요? 예시문의 내용은 이제 막 고등학교에 입학한 학급 아이들에게 보내는 담임교사의 편지입니다.

Step 0 미끼 던지기 : 티저 예고편

어떤 주제로 이야기를 함께할 것인지 아이들에게 알려주는 순서입니다. 오늘 나눌 이야기가 좋은 말씀일지 아니면 싫은 말씀일지 미리 알려주어서 아이들의 긴장도를 조절해주세요. 아이들이 글을 끝까지 읽을 수 있도록 글 서두에 아이들의 호기심을 자극할 수 있도록 매혹적인 '미끼'를 던져주세요.

Step 1 좋은 이야기 들려주기

선생님이 하고 싶은 말을 뒷받침해줄 좋은 이야기를 제시합니다. 명언, 속담, 위인의 이야기, 동화책 내용, 책 구절, 명대사 등을 들려줍니다. 때로는 명언 등을 먼저 떠올린 후에, 이 이야기를 통해 우리 아이들에게 어떤 교훈을 줄지 고민하는 순서로 글을 구상해도 좋습니다. 한 가지 방법을 드리자면 인터넷 검색창에 '명언 모음'이라고 검색하면 영감을 주는 명언들을 잘 모아둔 사이트를 금세 찾으실 수 있습니다. 즐겨찾기 해두시고 "내일은 어떤 이야기를 들려줄까." 하면서 자주 들어가면 좋습니다.

Step 2 우리의 모습을 돌아보게 하기

1단계에서 제시한 좋은 이야기와 관련된 아이들의 모습, 상황, 생각들을 들려줍니다. 이때 아이들의 현재 모습을 다그치는 느낌을 주지 않도록 주의합니다. 오늘보다 내일이 더 좋아질 거라는 이야기를 한다고 해서 "여러분의 지금은 완전 엉망진창이야!"라고 해서는 안 되겠죠?

아이들이 자신의 모습을 돌아볼 수 있도록 '모니터링' 해주세요. 선생님이 그대들을 얼마나 관심 있어 하고 주의 깊게 관찰하고 있었는지 사랑과 열심을 팍팍 티를 내주세요.

Step 3 '좋은 이야기'가 우리에게 주는 질문

글 서두에 들려준 좋은 이야기가 우리에게 주는 메시지는 무엇인지 묻습니다. "이 속담에서 우리가 느껴야 할 교훈은 무엇일까요?", "이 명언을 우리에게 적용해 본다면 어떤 의미가 있을까?" 아이들의 눈이 번쩍 뜰 수 있도록 기습 번트를 치듯이 질문을 던지세요. 아이들의 가슴이 뜨거워지고 눈이 초롱초롱해지도록 아이들의 마음을 흔들어주세요.

Step 4 선생님의 생각 들려주기

이 글의 본문입니다. 선생님이 아이들에게 들려줄 귀한 말씀을 들려주세요. 우리는 행복할 자격이 있다! 우리는 날마다 자라난다! 자기 자신을 있는 그대로 사랑하자! 아이들의 심장 BPM을 높여주세요.

Step 5 마무리 (정리, 방향 제시, 구체적 행동)

마무리 단계는 다른 글쓰기 공식과 같습니다. 작은 차이가 있다면, 마무리 단계에서는 아이들이 긍정적인 에너지와 희망찬 여운을 느낄 수 있도록 글의 전체적인 내용을 한두 문장으로 정리합니다. 우리가 앞으로 나아가야 할 희망찬 방향을 제시합니다. 그리고 당장 지금부터 무엇을 하면 좋을지 들려줍니다.

Step 0. 미끼 던지기 : 티저 예고편

"오늘은 여러분들이 걸어가야 할 고등학교 3년의 삶, 그리고 그 이후의 이십 대, 삼십 대 또 그 이후의 삶을 살아갈 때 우리가 어떤 마음을 품고 그 인생길을 걸어가면 좋을지를 이야기해보려고 합니다."

Step 1. 좋은 말씀 들려주기

"〈현명하지 못한 자는 방황을 하고, 현명한 자는 여행을 떠난다.〉 토마스 풀러라는 역사학자가 한 말입니다. 낯선 길에 놓였을 때, 현명하지 못한 자는 낯선 길에서 길을 잃고 헤매지만 현명한 사람은 낯선 길에서 의미를 찾고 방향을 잡고 그 낯선 순간들을 즐기며 새로운 길을 찾는다는 말입니다."

Step 2. 우리의 모습을 돌아보게 하기

"우리 태일고 1학년 8반 학생들도 이제 낯선 고등학생의 삶이 시작되었습니다. 어떤 친구들은 어디로 가야 할지 몰라 아무것도 하지 못하거나, 길을 떠나야 한다는 사실을 미처 공감하지 못한 채 길 한가운데에 가만히 머물려는 친구들도 있습니다. 많은 친구가 고등학생이라는 새로운 낯선 시간에 방향을 잡지 못하고 길을 잃고는 합니다. 어디로 가야 할지, 무엇을 해야 할지 모른 채 그저 시간만 흘려보내는 경우가 많습니다. 그리고 또 많은 친구가 그 과정에서 자존감을 잃어갑니다. 난 무엇을 해도 안 될 거야. 봐! 해도 안 되잖아. 난 이제 뭘 해도 안 될 거야. 뭘 해야 할지 모르겠어. 봐 안 되잖아. 역시 난 아무것도 아닌걸. 어떡하지. 시간은 점점 흘러가네. 마음은 불안해. 하지만 무엇을 해야 할지 모르겠어. 그리고 많이 무너지는 모습을 보았습니다."

Step 3. '좋은 이야기'가 우리에게 주는 질문

"우리는 현명한 사람이 되어, 우리에게 주어진 이 낯선 시간과 공간을 의미 있게 보낼 수 있지 않을까요? 우리도 여행을 떠나 듯 즐거운 마음으로, 설레는 마음으로 고등학교 3년의 세월을 의미 있게 보낼 수 있지 않을까요? 우리가 길을 걷는 방법을 몰라서 방황한 것이지, 길을 걸어갈 두 다리가 없어서 방황한 것은 아니지 않을까요? 어쩌면, 우리도 이 새로움과 낯선 길을 당당한 걸음걸이로 힘차게 여행하듯 떠날 수 있을 거라는 생각을 가져보면 어떨까요?"

Step 4. 선생님의 생각 들려주기

"여러분. 그 어느 순간에도 자기 자신을 있는 그대로 사랑해주고 받아주고 믿어요. 나는 지금 이 낯선 길을 잘 걸어가고 있어. 비록 이 길이 맞는지는 모르지만, 내가 제대로 걸어갈 수 있을지 아직은 모르지만, 난 내가 해내리라 믿어. 난 내 인생의 길의 방향을 잡아가며 내 길을 걸어갈 수 있어. 삶이라는 긴 길을 여행처럼 즐겁게 보낼 수 있을 거야. 그렇게 믿어야 합니다. 여러분은 모두 한 사람 한 사람 소중한 존재라는 것을 잊지 마세요. 세상 그 누가 뭐라 해도 난 존중 받을 가치가 있는 사람임을 믿으세요. 그리고 나 역시, 이 낯선 새 인생길을 당당히, 현명하게 여행할 수 있으리라 믿길 바랍니다. 여러분은 소중하니까요. 누가 뭐래도 당신은 소중한 사람이니까요."

Step 5. 마무리 (정리, 방향 제시, 구체적 행동)

"이렇게 마음을 먹어요. 나는 길을 잃지 않는다. 나는 이 낯선 길
에서 방황하지 않고 여행을 떠나리라. 난 할 수 있다. 난 소중하
니까. 난 잘 해낼 수 있으니까. 하루에도 여러 번씩 자신에게 말
해봅시다."

"앞으로 주어진 고등학교 3년의 기간, 우리 모두 즐겁고 의미 있
는 여행길이 되길 바랍니다. 우선, 스터디 플래너 매일 작성하고
검사받기, 일주일에 한 번씩 커리어넷 들어가서 직업 훑어보기,
그리고 학급 밴드 선생님 공지사항에 열심히 댓글 달아보는 것
부터 차근차근 시작해봅시다. 여러분은 잘할 수 있을 겁니다. 선
생님도 최선을 다해 여러분 여행길의 좋은 여행 가이드가 되도
록 노력하겠습니다."

지금까지 〈좋은 말 글쓰기 공식〉을 살펴봤습니다. 글은 쓸수록 는답
니다. 아래 '좋은 이야기'들로 〈연습하기〉를 해볼까요?

──✎ 난 사람 모두에게서 무언가를 배울 수 있는 사람이 세상에서 제일 현명하다_탈무드

──✎ 멋진 말을 하기는 쉽다. 하지만 남을 헐뜯지 않기 위해서는 침묵만 필요하며 이는 비용이 전혀 들지 않는다_존 틸럿슨

──✎ 세상은 고통으로 가득하지만, 그것을 극복하는 사람들로도 가득하다_헬렌 켈러

너도 모르는 네 맘, 나는 알지!
상담용 글쓰기

🖋 〈상담용 글쓰기 공식〉의 쓸모

〈상담용 글쓰기 공식〉은 말 그대로 상담 형식의 글을 쓸 때 활용하면 좋은 글쓰기 공식입니다. 고민이 깊은 반 아이에게 편지를 써주거나 긴 문자를 보낼 때 〈상담용 글쓰기 공식〉에 맞추어 글을 쓰면 아이에게 힘을 주고, 선생님의 마음을 전할 수 있는 멋진 글을 쉽게 쓸 수 있습니다. 글쓰기와 말하기는 닿아있습니다. 그래서 〈상담용 글쓰기 공식〉을 활용하면 아이와 대화하는 상황에서 '말하기' 공식으로 그대로 사용할 수 있습니다.

다만 여기서 꼭 말씀드리고 싶은 것이 있답니다. 이번 꼭지에서는 어디까지나 글쓰기 공식, 말하기 공식을 알려드릴 뿐입니다. 상담 기법 자체를 나누는 시간이 아닙니다. 어떤 식으로 상담을 이어갈지, 어떤 철학과 가치관으로 접근할지는 상담 전문가, 상담 전문 서적을 참고하면 좋습니다. 여기서는 글쓰기와 말하기 순서를 기술적으로 다룰 뿐이라는 점, 꼭 기억해주세요. 또한, 선생님마다 교육철학과 가치관이 다를 수 있습니다. 선생님만의 가치관과 철학, 상담 기법에 맞게 아이와 소통하세요. 저는 어디까지나 '힌트'를 드릴 뿐입니다.

〈상담용 글쓰기 공식〉은 〈설득력 있는 글쓰기 공식〉과 〈달라졌어요 글쓰기 공식〉을 응용해서 만들었습니다. 기본 공식 두 개를 각각 활용했기 때문에 〈상담용 글쓰기 공식〉의 버전도 두 가지가 있답니다. 그래서 공식 이름이 조금 깁니다. 〈상담용 글쓰기 공식 from 설득력 있는 글쓰기 공식〉, 〈상담용 글쓰기 공식 from 달라졌어요 글쓰기 공식〉 이렇게 두 가지 버전이 있습니다. 이름이 너무 길면 머리가 복잡해지겠죠? 그래서 각각 〈달라질 거야 상담 글쓰기 공식〉은 〈설득 상담 글쓰기 공식〉 이렇게 부르면 어떨까요.

두 공식은 활용하는 상황이 다소 차이가 있습니다. 〈설득 상담 글쓰기 공식〉은 아이의 의견이나 감정 상태가 선생님이 생각할 때 다소 문제가 있는 상황일 때 사용합니다. 선생님의 의견과 아이의 의견이 어긋날 때 사용하는 것이지요. 교사가 항상 옳고 아이가 항상 틀리진 않겠죠. 하지만 아이를 가르칠 때는 선생님이 확신이 있어야 설득력이 생긴다고 생각해요. 내 확신이 아이에게 도움이 되기를 바라며 늘 공부하고 내 가치관을 성장시켜야겠지요. 다시 말씀드리지만, 이번 꼭지는 교육철학이나 상담 기법을 논하는 자리가 아님을 말씀드릴게요. 선생님은 선생님의 교육철학을 따르시면 됩니다.

〈달라질 거야 상담 글쓰기 공식〉은 아이에게 고민이 생겼을 때 사용합니다. 아이가 어떤 선택을 해야 할지 모를 때 선생님의 조언을 들려주고 싶을 때 사용하는 것이지요. 교사의 조언이 항상 옳을 수는 없겠죠. 하지만 그럼에도 아이가 생각해보지 못했던 선택지를 제시해주는 일은 매우 의미 있는 일이라고 생각합니다. 그리고 내 제안이 아이에게 도움이 되기를 바라며 공부하고 또 고민할 뿐입니다.

〈상담용 글쓰기 공식〉은 좋은 예시문, 덜 좋은 예시문을 비교해서 보여드리지 않습니다. 어떤 형태의 상담 글쓰기가 더 낫다고 평가할 수 없기 때문입니다. 그러면 〈설득 상담 글쓰기 공식〉부터 살펴볼까요?

🍃 〈설득 상담 글쓰기 공식〉

> **설득 상담 글쓰기 공식**
> Step 0. 공감해 주며 진정시키기
> Step 1. 내 의견을 부드럽게 건네기
> Step 2. 상대의 생각에 일정 부분 동의하기
> Step 3. 다른 관점으로 바라보기
> Step 4. 마무리하기
> Step 4-1. 대안의 한계점 알려주기
> Step 4-2. 방향 잡아주기
> Step 4-3. 구체적인 실천-실행 방법 알려주기

〈설득 상담 글쓰기 공식〉은 〈설득력 있는 글쓰기 공식〉을 응용해서

만든 공식입니다. 주로 활용하는 장면은, 아이의 생각과 선생님의 의견이 다를 때입니다. 그래서 선생님이 아이를 위해서 설득을 해야 할 때 활용하면 좋습니다. 〈설득력 있는 글쓰기 공식〉 기억나시죠? 〈설득력 있는 글쓰기 공식〉이 어떻게 변형되어서 활용되는지 잘 살펴보세요. 공식을 내 것으로 만드는데 도움 된답니다. 〈설득 상담 글쓰기 공식〉을 전체적으로 살펴보겠습니다.

가장 첫 번째인 공감 해주며 진정시키기 단계에서는 우선 아이의 생각에 공감해주며 흥분한 마음을 진정시켜줍니다. 일단 아이의 마음을 열어야겠죠?

그 다음 단계에서 선생님의 의견을 부드럽게 건넵니다. 자신의 견해와 다른 선생님의 의견을 듣는 순간 아이가 마음의 문을 쾅 하고 닫을 수 있습니다. 그러니 "선생님 의견도 들어보면 어떨지 물어보는 것뿐이란다. 해치지 않아요." 하는 마음이 전해지도록 말랑말랑한 어조로 접근합니다.

그러나 아무리 부드럽게 내 의견을 전해주었다 하더라도 아이는 즉각 반감을 품고 반문을 제기하려 듭니다. 〈상대의 생각에 일정 부분 동의하기〉에서 아이의 의견에 동의하는 일정 부분이 있다는 것을 들려줍니다. 이때 주의할 점은, 아이의 생각에 전적으로 동의한다는 뉘앙스를 풍기지 않도록 주의합니다. 아이가 자칫 선생님이 자신의 의견을 옳다고 평가했다고 오해하거나 곡해할 수 있기 때문입니다. 고등학생들은 간혹 교사의 말을 근거로 삼아 학부모님과의 언쟁에 적극적으로 사용하곤 합니다. 기술적인 팁을 하나 더 살펴보자면, 아이가 미처 생각하지도 못했던 의도를 발굴해 내주면 좋습니다. "아마도, 더 좋은 방향으로 변하기 위해서 그런 생각을 했을 거야. 그렇지?"하고 슬금슬금 선생님의 의견에 아이가 천천히 가랑비에 젖어 들 듯 스며들게 유도합니다.

세번째 단계인 다른 관점으로 바라보기에서는 이제 본격적인 포섭(?) 작전에 들어갑니다. 아이가 생각해보지 못했던 관점, 의견, 방향의 장점을 차분하게 들려줍니다. 여기가 〈설득 상담 글쓰기 공식〉의 사실상 본문이겠지요. 차근차근 아이의 의견의 허점을 노려봅니다. 아이의 성장에 도움을 줄 다른 관점의 장점을 슬쩍슬쩍 던져봅니다.

마지막으로 〈마무리〉 순서입니다. 마무리는 다 세 단계로 나뉩니다. 먼저 선생님의 의견에도 한계점이 있음을 알립니다. 아무리 래포가 형성되어 있고 세상 부드럽게 말을 건넸다 하더라도, 아이는 자신의 의견과 다른 관점을 권유받으면 늘 반론을 제기하려 합니다. 솟구치는 의심과 반론과 질문을 살포시 눌러드려야 합니다. 그러기 위해서 10보 전진을 위해 1보 뒤로 물러나야겠지요? "선생님의 의견이 정답은 아니야."라는 말을 던지면서 아이의 마지막 남은 무장을 해제시켜봅니다.

그리고 앞으로 아이가 어떤 식으로 결정을 내리면 좋을지 거시적인 방향을 제시합니다. 우리의 모든 대화가 그대의 성장과 행복을 향하고 있음을 한 번 더 알려줍니다. 보통 이 대목에서 일반적으로 아이들은 고개를 끄덕여 줍니다. 고등학생의 경우 선생님과의 대화가 더 길어지면 자신이 완전히 설득 당할 거라는 찝찝함이 밀려오거나, 어떻게든 잔소리 상담 장면에서 벗어나고픈 강렬한 생존 본능을 느낄 때 아이에게 구체적인 행동 지침을 건넬 차례입니다. 끝으로 아이에게 당장 지금부터 할 수 있는 구체적인 실천 방안을 제시합니다. 그대의 모든 고민의 끝은 자기 파괴가 아니라 자기 혁신에 있음을 다독이며 알려줍니다.

이렇게 하면 아이의 고민이 해결되고, 생각의 방향이 바뀌게 될까요? 글쎄요. 그건 저도 정말 모르겠습니다. 상황 따라 다르고, 아이의 성향 따라 다르고, 선생님의 교육철학과 상담 기법에 달려있겠지요? 하지만, 〈설득 상담 글쓰기 공식〉을 활용하면 선생님의 교육철학과 상담 기법 그리고 선생님의 진심이 아이에게 더욱 효과적으로 전달될 것은 분명합니다. 그러면 〈설득 상담 글쓰기〉 예시문을 보면서 정리해보겠습니다.

예시문의 상황 설정입니다. 고등학교 담임을 하다 보면 자주 만나는 유형의 아이입니다.

정영찬(17세)

자퇴 희망 학생 / 비전이 있어 자퇴를 희망하는 것은 아님 / 그냥 공부가 싫고 학교가 싫음 / 게임 좋아함 / 성격 밝은 편

> **❶ 공감해주며 진정시키기**
> "생각이 거기까지 갔다니, 얼마나 속이 상했을까요. 밤에 잠도 잘 안 왔을 것 같아요. 그 스트레스를 누가 대신 이해할 수 있을까요. 정말 마음고생 많았을 거예요. 그래도 참 영찬이가 대견스러워요. 인생 전체의 그림을 그렸다는 것, 그것만으로 충분히 가치 있는 고민이었다고 생각해요."

❶ 내 의견을 부드럽게 건네기

"자, 선생님 생각을 말해볼게요. 선생님은 어디까지나 조언을 할 뿐이라는 거 잊지 말아요. 영찬이가 설득할 사람은 선생님이 아니라 자기 자신과 영찬이 부모님이라는 거 잊지 말고 편안하게 들어봐요. 선생님은 영찬이가 학교를 계속 다니다가 3학년 때 위탁 교육 쪽으로 노선을 돌려보면 어떨까 해요."

❷ 상대의 생각에 일정 부분 동의하기

"지금 영찬이 생각 중에 잘못되었다고 생각할 점은 없어요. 모두가 공부를 잘할 수도 없고, 또 모두가 공부에 흥미를 느낄 수 있는 것도 아니니까요. 남들 바닥 깔아주려고 학교 다니는 것 같고, 내 인생에서 시간을 계속 좀 먹는 것 같다는 생각에 학교만 오면 숨이 막히고 도망가고 싶을 거예요. 영찬이는 의미 있는 하루를 살고 싶어 하는 발전적인 사람인데, 학교에서는 그러기 힘드니 어쩔 수 없이 이런 생각까지 했으리라 생각해요."

❸ 다른 관점으로 바라보기 및 다른 관점의 장점 알리기

"영찬이의 인생을 학교 밖에서 찾을 수 있을 거란 생각을 잠시 멈추고, 학교 안과 밖 경계 어딘 가에도 답이 있지 않을까? 한번 생각해볼까요? 3학년이 되면 위탁 교육이라는 제도가 있어요. 처음 들어보죠? 자세한 건 선생님이 차츰 알려줄게요. 위탁교육을 활용하면 소속은 우리 학교지만 3학년 때 다양한 전문 기술을 배워서 영찬이가 말한 진짜 인생을 위한 준비를 할 수 있어요. 부모님도 크게 반대하지 않으실 테고, 영찬이가 원하는 삶에 한 걸음 더 먼저 갈 수도 있어요."

❹ 마무리

"물론 선생님이 말한 위탁 교육은 영찬이가 원하는 성장과 발전을 위한 여러 대안 중의 하나일 뿐이에요. 더 나은 대안이 있을 수 있겠죠? 그리고 전문 기술을 익힌다는 것이 쉬운 일이 아닐 수도 있어요. 하지만, 우리 영찬이가 단순히 공부하기 싫어서가 아니라 진짜 나의 인생을 찾고 싶어서였기 때문이라는 것만 잊지 않으면 돼요. 그게 전문대가 될 수도 있고 전문학교가 될 수도 있어요. 중요한 건, 우리가 도망가는 것이 아니라 길을 찾아 떠난다는 걸 기억하면 돼요."

"우선, 집에 가기 전에 땀 좀 흘리고 뜨끈한 물에 샤워를 해봐요. 그리고 자리에 앉아서 스무 살, 서른 살, 마흔 살에 나는 무엇을 할 것인지 적어 봐요. 그리고 선생님과 함께 위탁교육이 뭔지 한번 찾아보아요. 마음 잘 다독이고, 오늘은 푹 자요. 굿~밤!"

〈설득 상담 글쓰기 공식〉을 모두 살펴봤습니다. 글은 쓸수록 는답니다. 아래 주제들로 〈연습하기〉를 해볼까요?

—✎ 공부가 너무 싫어요.

—✎ 자퇴하고 싶어요.

—✎ 가출하고 싶어요.

—✎ 조퇴시켜주세요.

—✎ 교실에서 축구하고 싶어요.

—✎ 복도에서 왜 뛰지 말라는 거죠?

—✎ 학교에서만 담배 안 피우면 되는 거 아닌가요?

—✎ 플래너 안 쓰고 그냥 공부하면 안 돼요?

—✎ 그 유튜버 채널을 왜 보지 말라는 거죠?

—✎ ○○이가 너무 미워요.

—✎ 형제·자매들이 너무 싫어요.

🖋 〈달라질 거야 글쓰기 공식〉

〈달라질 거야 상담 글쓰기 공식〉은 〈달라졌어요 글쓰기 공식〉을 응용해서 만든 공식입니다. 주로 활용하는 장면은, 아이가 일상적인 고민을 하고 있을 때 선생님의 조언을 들려줄 때입니다. 아이의 생각과 가치관이 변화하기를 바랄 때 활용하면 좋습니다. 앞서 배웠던 〈달라졌어요 글쓰기 공식〉 기억나시죠? 〈달라졌어요 글쓰기 공식〉이 어떻게 변형되어서 활용되는지 잘 살펴보세요. 공식을 내 것으로 만드는데 도움 된답니다. 그럼 〈달라질 거야 상담 글쓰기 공식〉을 전체적으로 살펴보겠습니다.

〈달라졌어요 글쓰기 공식〉의 변화 주체는 글을 쓰고 있는 '나'입니다. 반면에 〈달라질 거야 상담 글쓰기 공식〉에서 변화의 주체는 글을 읽는 '그대'입니다. 이렇게 했더니 내가 요렇게 달라졌다고 하는 글이 아니라, 이렇게 해보면 요렇게 달라질 수 있다고 권유하는 글입니다. 변화의 주체가 다르다는 점을 기억하세요.

먼저 〈미끼 - 티저 예고편〉은 선생님의 편지 또는 대화의 목적과 방향을 알려주는 단계입니다. "선생님이 널 혼내려는 것이 아니란다. 우리 함께 고민을 나눠볼까?"라는 메시지를 들려주세요. 이 단계를 생략하고 다음 단계에 "선생님이랑 잠깐 이야기 나눠볼까요?"라는 문장을 추가해도 좋습니다.

다음으로 〈상황 정의 및 공감해주기〉에서 아이가 겪고 있는 상황을 재정의해주고, 그 상황에 빠진 아이가 얼마나 힘들지 공감해줍니다. 스트레스 내성이 약한 아이들은 자신이 현재 처한 상황을 객관적으로 인식하지 못할 때가 많습니다. 지금 아이가 겪고 있는 상황이 어떤 상황인지, 원인은 무엇인지, 이로 인해 아이가 얼마나 힘들지를 정리해줍니다. 내 상황을 누군가 깊이 공감해주고 상황을 정리해주고 있다는 사실만으로 아이는 많은 힘을 얻습니다. 그리고 해결 가능성이 있다는 복선을 깔아주세요.

〈터닝 포인트〉 단계에서는 아이에게 이 상황을 변화시킬 수 있다며 희망과 용기를 줍니다. 스트레스 상황에 오랫동안 노출된 아이들은 무기력을 학습하게 됩니다. 상황을 어떻게 풀어나가야 할지 경험과 정보가 없으므로 머릿속이 복잡합니다. 스트레스가 누적되면서 이 상황을 벗어나려는 의지도 많이 꺾여 있을 수 있습니다. 그저 한숨과 짜증, 슬픔만 가득합니다. "괜찮아. 다 잘 될 거야.", "너도 이 상황을 벗어나고 싶지 않니?"하고 아이를 격려합니다. 그리고 문제 상황에서 벗어날 수 있는 단서를 함께 찾아봅니다. "이렇게 생각해 볼 수도 있지 않을까?", "우리가 놓쳤던 것들은 뭐가 있을까?" 선생님이 아이의 '메타인지'가 되어주세요. 아이가 놓쳤던 생각들과 질문들을 대신 들려주세요. 아이가 미처 느끼지 못했던 아이의 '진짜 생각'을 찾아주세요.

〈변화를 향한 선생님의 의견 들려주기〉는 사실상 〈달라질 거야 상담 글쓰기 공식〉의 본문입니다. 함께 고민했던 '메타인지 질문'을 바탕으로 답을 찾아가는 과정입니다. 지금 겪고 있는 스트레스 상황에서 벗어날 방법 알려주기, 이 상황을 벗어나면 얼마나 좋아질지를 아이에게 들려주세요.

마지막 〈마무리〉 단계는 〈설득 상담 글쓰기 공식〉과 같습니다. 선생님의 의견이 완벽하지 않음을 들려주고, 앞으로 어떻게 달라지면 좋을지 전체적인 밑그림을 그려줍니다. 그리고 구체적이고 작은 실천 방안을 들려주면서 용기를 심어주세요.

편지 한 장, 상담 한 번으로 아이의 고민이 바로 해결될 일은 없겠죠. 하지만, 공식을 활용해서 아이와 소통한다면 아이는 "아, 내 편이 있구나." 하는 위안만으로 많은 힘을 얻을 겁니다. 그러면 예시문을 보면서 정리해보겠습니다.

예시문의 상황 설정입니다. 반찬 투정하는 귀여운 예시 상황입니다만, 이 귀여운 고민을 나누면서 아이에게 삶을 살아갈 때 갖춰야 할 가치관, 자세가 무엇인지를 들려주세요. 작은 고민을 나누며 더 큰 성장이 함께하길 바라봅니다.

학교 급식이 너무 맛 없어서 고민이라는 아이

먹는데 굉장히 진심인 편 / 귀여운 성격

> Step 0. 〈미끼 - 티저 예고편〉은 선생님의 편지 또는 대화의 목적과 방향을 알려주는 단계입니다.

Step 1. 〈상황 정의 및 공감해주기〉

"요즘 맛있는 게 얼마나 많아요? 먹방 유튜버들이 먹는 음식들을 보면 침이 사르르 고이기도 합니다. 치킨, 피자, 빙수, 떡볶이, 햄버거, 뷔페는 어떤가요? 왜 학교 급식은 하나같이 내 고급스러운 입맛에 한참 모자라다니! 더 속상한 일은 학교 급식을 우리가 어떻게 해볼 방법이 없다는 거죠."

Step 2. 〈터닝 포인트〉

"우리의 가장 중요한 목표는 급식 때문에 받는 스트레스를 줄이는 거지요? 이 스트레스에서 벗어나고 싶은 마음이 아마 간절할 겁니다. 우리가 급식을 먹을 때 실망하는 이유는 무엇일까요? 학교 급식이 맛있으면 좋겠다는 기대는 높지만, 실제 학교 급식의 맛은 우리 기대보다 훨씬 낮기 때문에 실망하죠? 기대와 현실의 차이가 크면 클수록 우리는 큰 실망을 느끼게 되고 스트레스의 크기도 함께 커집니다. 그렇다면 반대로, 기대와 현실의 차이를 줄이면 줄일수록 우리의 고민은 더 줄어들겠죠?"

Step 3. 〈변화를 향한 선생님의 의견 들려주기〉

"학교 급식을 바꿀 수 없다면 내 입맛을 조금 양보해보면 어떨까요? 입맛을 조금만 양보한다면 여러분이 급식 때문에 받는 스트레스를 조금 줄일 수 있답니다. 학교 급식의 맛이 내 우아한 입맛을 만족시킬 정도로 좋아질 리는 없습니다. 그렇다면 남은 방법은? 내가 기대한 맛의 수준을 살짝 내려 보는 겁니다. 기대를 낮추는 거예요. 기대와 욕심을 내려놓는 것만으로도 스트레스가 많이 줄어든답니다. 신기하게 행복한 마음이 들기도 한답니다."

Step 4. 〈마무리〉

"물론 이렇게 마음먹기가 정말 쉽지는 않을 거예요. 그래도 싫은 건 싫은 거 아니냐는 마음이 슬금슬금 새어 나올 거예요. 그렇지만, 이렇게 마음을 먹으면 급식뿐 아니라 다른 일들도 스트레스를 줄일 수 있답니다. 욕심을 줄이고 지금 내가 가진 것, 지금 내가 하는 것, 지금 내가 할 수 있는 것들에게 감사한 마음을 가지려고 노력해보아요. 매일 밥을 챙겨주시는 부모님께 감사하기, 거리를 청소해주시는 분들에게 감사하기, 내가 볼 수 있고, 들을 수 있다는 사실에 감사하기. 당연하다고 여겼던 것들에 감사하는 마음을 가질수록 우리는 행복을 더 잘 느낄 수 있답니다."

"욕심을 조금 낮추고, 지금 내게 주어진 '당연한 것들'에 감사해보세요. 그러면 여러분의 마음에 스트레스는 줄어들고 작은 행복이 싹틀 거예요. 급식 '맛있게' 먹어요. 오늘 하루도 더 행복하기!"

〈달라질 거야 상담 글쓰기 공식〉을 모두 살펴봤습니다. 글은 쓸수록 는답니다. 아래 주제들로 〈연습하기〉를 해볼까요?

—✐ 공부해도 성적이 오르지 않아요.

—✐ 싫은 친구가 같은 반이 되었어요.

—✐ 친구 사귀기가 너무 어려워요.

—✐ 할 줄 아는 게 없어요. 잘하는 게 없어요.

—✐ 부모님이 내 꿈을 반대해요.

—✐ 엄마가 친구와 비교하면서 잔소리를 해요.

—✐ 할 줄 아는 게 없어요. 잘하는 게 없어요.

—✐ 저 자신이 너무 싫어요.

—✐ 게임이 너무 하고 싶어요.

아이들 인성 교육에 좋은
사과문 쓰기

　　"

🖋 <사과문 쓰기 공식>의 쓸모

우선 <사과문 쓰기 공식>의 순서를 전체적으로 살펴볼까요? 서두에는 사과문 개요를 적습니다. 사과문을 작성하는 사람이 누구인지 먼저 밝힙니다. 그리고 누구에게 사과를 드릴 것인지 알리고 사과 말씀을 씁니다. 그리고 이 사과문을 통해 무엇을 알리고 싶은지 적습니다. 다음 단계에서 어떤 일이 일어났는지 그리고 이러한 일이 발생하게 된 원인을 적습니다. 다음 단계에서는 자신의 잘못으로 누구에게 피해를 줬고 어떠한 피해가 발생했는지, 피해 규모는 얼마인지를 고백합니다. 다음 단계에서 피해를 본 이들에게 즉각적인 조치를 어떻게 진행했는지를 적습니다. 그리고 사후 이러한 일이 다시는 발생하지 않도록 어떻게 조치했는지를 알립니다. 그리고 사과 말씀을 다시 드리고 글을 마무리합니다. 특수한 상황에서는 잘못 알려진 점을 알려주며 글을 마무리하기도 합니다.

〈사과문 쓰기 공식〉의 쓸모는 크게 3가지입니다. 진정성 있는 사과문 쓰기, 아이들 인성 교육, 삶을 돌아보는 에세이 쓰기 등입니다. 물론 우리 선생님들이 사과문을 써야 할 상황은 절대로 오지 않기를 기도하고 또 기도합니다. 사과문 쓰기는 어디까지나, 아이들 인성 교육할 때와 다른 이의 사과문을 비판적 사고력을 통해 평할 수 있는 눈을 기르는 용도로만 사용합시다.

🖋 사과문은 반드시 '잘' 써야 한다

〈사과문 쓰기 공식〉에 맞추어 사과문을 쓰게 되면 진정성이 담긴 사과문을 쓸 수 있습니다. 사과문은 반드시 '잘' 써야 합니다. 글의 내용도 중요하지만, 글의 전개 방식, 단어 선택 등 글 자체에 정성이 들어가야 합니다. 사과문은 반드시 '잘' 써야만 사과의 진정성을 보여줄 수 있기 때문입니다. 사과문을 못 쓰게 되면 진정성을 느낄 수 없습니다. 말로 사과를 받을 때를 상상해보세요. 귀찮은 듯 한 말투와 목소리로 퉁명스럽게 "미안해."라고 하면 기분이 어떨까요? "거, 미안하게 됐소이다." 라든지 "에이. 그건 네가 오해한 거지. 내가 그러려고 그랬겠냐? 뭐. 암튼 미안은 하다. 근데 그거 내 잘못은 아니라고. 어쩔 수 없었어." 라든가, "곧 변상할게. 기다려봐." 이렇게 사과를 했을 때 기분이 어떨까요? 이 사람이 정말 잘못을 깊이 뉘우치고 나에게 진심으로 사과하고 있다고 느껴지나요? 아니겠지요? 말로 하는 사과는 표정과 목소리, 손짓으로 진정성을 표현할 수도 있습니다. 미안한 표정을 연신 지으며 울먹이는 목소리를 내고 두 손을 곱게 모아 허리를 연신 굽히며, '진정성'을 표현할 수도 있습니다. 그리고 사과를 받는 사람 역시 이러한 '텍스트 외적인 신호'들을 통해 진정성을 느낄 수도 있습니다.

하지만 글은 다릅니다. 텍스트 이외에 진정성을 표현할 도구가 없습니다. 글에는 소리가 나오질 않습니다. 글에는 표정이 없습니다. 글에는 몸짓 언어가 없습니다. 그렇기에 사과문을 작성할 때는 반드시 '잘' 써야 합니다. 사람들이 일반적으로 납득할 수 있는 방식으로 써야 합니다.

🍃 아이들 인성 교육을 위한 '미리 써보는 사과문'

〈사과문 쓰기 공식〉을 활용해서 '미리 써보는 사과문 쓰기' 시간을 가져보세요. 아이들의 인성 교육에 도움이 됩니다. 반성문 쓰기는 선생님의 교육 철학적 관점에 따라서 옳다, 옳지 않다고 의견이 나뉘기도 합니다. 하지만 진심으로 자신의 잘못을 시인하고, 상처를 준 사람에게 진정성 있게 사과하는 법을 익히는 것은 교육적 효과가 있습니다. 사람은 누구나 실수를 합니다. 의도하든 의도하지 않았든, 누군가에게 상처를 줄 수 있습니다. 이 세상에 완벽한 인간은 존재하지 않습니다. 하지만 자신의 잘못을 인정하고 한층 더 성숙해지는 사람은 있습니다. 사람은 자신의 실수를 인정하고 이를 만회하고자 할 때 성숙해질 수 있습니다. 사람은 자신의 잘못을 뉘우치고 이를 바로잡고자 할 때 성숙해질 수 있습니다. 진정성을 담아 사과할 때, 관계를 다시 세울 수 있습니다. 성장의 기회를 얻을 수 있습니다.

아이가 실수나 잘못을 저질렀을 때 '진정한 사과'를 하는 법을 알려주기는 힘듭니다. 쉽게 잘못을 인정하려 하지 않을 수 있고, 감정적으로 격양된 상태에서 자신을 돌아보는 인성 교육을 차분하게 진행하기도 어렵습니다. 그래서 아이들과 '미리 써보는 사과문 쓰기' 시간을 가져보세요. 가상의 상황을 설정한 뒤에 〈사과문 쓰기 공식〉에 맞추어 사과문을 씁니다. 친구에게 상처를 줬을 때, 부모님의 마음을 아프게 했을 때, 자기 자신에게 잘못했을 때, 과거의 나에게 사과하기 등 다양한 상황을 설정해줍니다. 사과하는 방법 자체를 미리 익혀두는 일은 매우 의미 있습니다. 자신의 잘못을 진심으로 뉘우치고, 실질적인 피해 보상을 하고, 재발 방지를 위해 노력하고, 상처를 입은 사람의 마음에 공감하는 연습을 경험하게 해주세요. 〈사과문 쓰기 공식〉을 활용한 '미리 써보는 사과문 쓰기'를 통해 아이들 인성 교육에 활용하세요.

〈사과문 쓰기 공식〉을 활용하면 감성을 툭툭 건드려주는 에세이를 쓸 수 있습니다. 우리가 걸어온 삶의 궤적에는 수많은 잘못들이 얼룩덜룩 붙어 있습니다. 우리는 완벽한 사람이 아니니까요. 그리고 이 세상에 완벽한 인간은 없으니까요. 지난날의 내 잘못을 가슴 깊은 곳에 꾹 묻어두고 억지로 잊고 살아오곤 합니다. 망각은 내면의 성장을 막는 장벽입니다. 망각은 후회를 덮을 수 없습니다. 꺼내기 싫은 나의 '흑역사'를 살포시 꺼내어, 진정성을 담아 사과문을 써보세요. 다른 이가 나의 '잘못'을 엿보길 싫다면, 아무도 볼 수 없는 나만의 공간에 사과문을 적어보세요. 나를 진정으로 돌아보는 성장 에세이를 쓸 수 있습니다. 교사로서 부족했던 모습, 소중한 사람에게 상처 준 일, 비겁했던 지난날, 선을 넘었던 날. 지금은 내 목소리가 닿을 수 없는 사이가 된 사람에게 사과문을 써보세요. 그 시절의 나에게 사과문을 써보세요. 잘못을 온전하게 고백하는 용기 있는 한 걸음은 더 나은 사람이 될 수 있는 큰 걸음입니다.

진정성 있는 사과문 쓰기, 아이들 인성 교육, 삶을 돌아보는 에세이 쓰기 등이 〈사과문 글쓰기 공식〉의 쓸모입니다. 아이들 인성 교육에만 쓰이길 바라는 〈사과문 글쓰기 공식〉을 함께 알아볼까요?

🖋 사과문에 들어가면 안 되는 표현 vs 꼭 들어가야 하는 표현

사과문에 들어가면 안 되는 표현	사과문에 들어가야 하는 표현
무엇을 잘못했는지 불분명하게 두루뭉술 말하기	무엇을 잘못했는지 분명하게 명시하기
변명하기	해명문을 쓴 것이 아님을 명시하기

타인의 잘못 언급하기	자신의 잘못임을 명시하기
미래형 남발하기	과거형 위주로 작성하기
후속 조치 안 쓰기	재발 방치를 위한 명확한 사후 조치 알리기
본의가 아니었음을 강조하기	의도는 중요하지 않았음을 알리기
상대가 오해한 것이다	오해를 불러일으킨 것도 내 잘못

사과문은 읽는 이가 누구인지, 글의 내용이 어디를 향해야 하는지가 명확한 글입니다. 사과문은 나로 인해 피해를 받은 사람이 읽는 글입니다. 사과문의 내용은 잘못을 인정하고, 피해를 보상하고, 향후 대책을 알리는 글입니다. 내가 무엇을 잘못했는지 불분명하게 작성하면 안 됩니다. 어떤 점을 잘못했고 누구에게 얼마큼의 피해를 주었는지 정확하게 명시해야 합니다. 사과의 첫걸음은, 자신의 잘못을 있는 그대로 인정하는 자세입니다. 절대 변명해서는 안 됩니다. 사과문은 해명문이 아닙니다. 피해를 본 사람에게 진심으로 사과를 드리는 일에 집중해야 합니다. 사과문이라고 제시한 글에 사과는 없고 변명만 가득하다면 어떨까요? 용서하고 싶은 마음은 싹 사라지고 화만 더 키우겠지요?

또한 타인의 잘못을 언급해서는 안 됩니다. 자신의 잘못을 고백하고 사죄해야 할 지면에 다른 사람의 잘못을 꺼내서는 안 되겠지요? 우리가 아이들을 지도할 때 종종 마주하는 장면입니다. 왜 그런 행동을 했냐고 물어보면? "저만 그런 거 아니에요! 다른 애들도 다 했어요! 왜 저한테만 뭐라 그래요? 그리고! 제가 하고 싶어서 한 것도 아니에요. 아무튼. 죄송해요." 갑자기 아이들 얼굴 몇몇이 머릿속에 지나갑니다. 사과문에 쓰이는 문장은 미래형이어서는 안 됩니다. 과거형이어야 합니다. 최소한 현재 진행형이어야 합니다. 진정한 사과는 말이나 글로만 미안하다는 메시지만 전달하는 것이 아닙니다. 실질적인 피해 보상이 함께해야 합니다. 피해 사실을 인지하였을 때는 반드시 즉각적인 피해 조치를 선행해야 합니다. 피해 조치를 먼저 시행하고 그 과정과 결과를 사과문에 적어야 합니다. 그렇기에 사과문에 적을 문장의 형식은 미래형이어서는 안 됩니다. 앞으로 이러한 보상을 하겠다는 미래형이 아니라, 이러한 보상을 진행했다는 과거형을 사용해야 합니다.

사후 재발 방지를 위한 후속 조치를 쓰지 않으면 그것은 진정한 사과가 아닙니다. 사과를 받은 사람은 언제 용서하고픈 마음이 들까요? 말과 글로만 사과했을 때? 그저 물질적으로 보상했을 때? 사과의 메시지와 물질적 보상은 어디까지나 용서의 전제 조건일 뿐입니다. 진정한 사과는 앞으로는 이러한 일이 다시는 일어나지 않게 하겠다는 사후 재발 방지 조치입니다. 일제 강점기 시절 만행에 대해 일본은 여러 번 사과했다고 주장합니다. 하지만 우리는 사과에 진정성을 담았다고 동의하지 않습니다. 동의하지 않기에 아직 용서할 수 없습니다. 사과에 진정성이 있었다면 일본 정부는 사후 재발 방지 조처를 해야 하지 않았을까요? 침략과 야만의 역사를 숨기지 않고 다음 세대에게 교육해야 합니다. 자신들의 부끄러웠던 만행을 알리고, 그것이 잘못되었음을 가르쳐야 합니다. 그리하여 다시는 이러한 슬픈 역사가 반복되게 하지 않겠다는 의지를 보여주어야 합니다. 그래야 진정한 사과입니다. 사후 재발 방지 조치를 구체적이며 명시적으로 사과문에 써야 하는 이유입니다. 또한, 사후 재발 방지 조치 역시 최소한 현재 진행형 문장으로 작성해야 합니다.

자신의 의도가 아니었다는 표현을 사용해서는 안 됩니다. 의도는 중요하지 않습니다. 피해가 발생했다는 사실에 주목해야 진정한 사과를 할 수 있습니다. 무심코 던진 돌에 개구리는 죽습니다. 돈을 던질 때의 의도는 사과하는 장면에서 의미 없습니다. 의도를 논할 때는 판사 앞에서 죗값을 경감시켜달라고 할 때뿐입니다. 내 '행위와 선택' 때문에 누군가 피해를 보았다는 사실에 집중해야 합니다. 의도는 중요하지 않습니다. 피해를 본 사람이 있다는 사실이 중요할 뿐입니다.

나는 잘못한 적이 없는데 상대가 오해한 것이라 해서는 안 됩니다. 물론, 생트집을 잡는 몰지각한 무리가 많이 있습니다. 말도 안 되는 트집을 잡고 상대를 깎아내리려는 자존감 낮은 불한당 같은 무리는 늘 있었습니다. 그럴 때는 사과문을 작성할 것이 아니라 해명문을 작성하면 됩니다. 사과문을 작성해야 할지, 해명문을 작성해야 할지는 온전히 자신의 선택이고 자신의 책임입니다. 만약 사과문을 작성하기로 했다면, 그때는 오해를 불러일으킨 점 역시 자신의 잘못임을 고백하면 됩니다. 사과문은 절대 해명문이 돼서는 안 됩니다.

✑ 좋은 예시문 vs '나쁜' 예시문

그동안은 좋은 예시문과 '덜' 좋은 예시문을 비교했습니다. 이번에는 좋은 예시문과 '나쁜' 예시문을 비교해볼게요. 왜냐? 사과문은 잘 썼느냐, 못 썼느냐의 기준이 명확하기 때문이죠. 앞에서 살펴본 사과문에 들어가면 안 되는 표현을 최선을 다해 들여놓은 사과문을 살펴볼까요? 사과문의 상황은 이렇습니다.

- 원격 연수원에서 연수 이벤트를 실시
- 실무자의 실수로, 이벤트 당첨자 일괄 취소 사태가 벌어짐

이번 글쓰기 연수 이벤트 당첨자 오류 건으로 사죄 말씀드립니다.

먼저 저희 아이스크림 연수원의 연수를 아껴주시고, 이번 글쓰기 연수에도 많은 관심을 보여주셔서 감사 말씀을 드립니다.

이번 당첨자 오류 사건으로 본의 아니게 여러 선생님에게 불편을 끼쳐 죄송합니다.
저희는 선생님들에게 더 나은 서비스를 제공해 드리기 위해 이 이벤트를 기획하였으나 저희의 뜻과는 무관하게 전산 오류가 발생하게 된 것입니다.

선생님들에게 항상 최선의 서비스를 제공하려는 저희 아이스크림의 경영 철학에 맞지 않는 기계적 오류로 인해 발생한 일로 많은 비난을 받게 되어 저희 역시 너무도 슬프고 억울한 마음이 큽니다.

특정 선생님을 미리 지목하여 그분들에게만 당첨 상품이 가도록 프로그램을 조작하다 발생한 일이 아니냐는 오해도 받았습니다. 하지만 이는 단순히 전산 오류일 뿐 저희 임직원은 그러한 의도가 없었음을 다시 한 번 말씀드리고자 합니다.

이번 일과 관련된 직원들에게 다시는 이런 일이 생기지 않도록 경고 조치할 계획입니다. 이러한 일이 없도록 철저한 검수 작업을 잊지 않도록 하겠습니다.

다만 이러한 일이 발생하게 된 원인으로는 본 연수의 강사인 안태일 선생님이 회사의 재정 상황 등을 고려하지 않고 무리하게 추진하게 되어 발생한 점을 부정할 수 없습니다. 안태일 선생님 역시 깊이 반성하고 있음을 알려드립니다. 하지만 어찌 되었든 일단 저희의 잘못이 가장 큰 것은 부정할 수 없습니다.

당첨이 취소된 선생님들에게 이에 합당한 보상을 진행할 계획입니다. 앞으로는 신중하게 더욱 성실한 서비스로 찾아뵙겠습니다. 감사합니다.

어느 부분이 잘못되었는지 한눈에 들어오지요? 나쁜 사과문의 전형적인 예시입니다. 사과문에 들어가면 안 되는 표현을 쓰면 왜 안 되는지 느낌이 단번에 들지요?

이번에는 사과문에 들어가면 안 되는 표현은 빼고, 사과문에 들어가야 할 표현은 넣은 예시문을 살펴보겠습니다. 게다가 이번 예시문은 〈사과문 쓰기 공식〉의 순서까지 지킨 예시문입니다. 앞의 예시문과 비교해서 진정성의 온도를 살펴보세요.

저는 아이스크림 원격 연수원 영업팀장 유철민입니다. 원격 연수 이벤트와 관련하여 불미스러운 일이 발생하여 피해를 보신 여러 선생님과 아이스크림 원격 연수원을 아껴주신 모든 선생님에게 깊은 사죄의 말씀을 드리고자 합니다. 사건 경위와 저희의 과오, 그리고 이에 따른 피해 보상 조치 및 사후 재발 방지를 위한 노력을 알려드리기 위해 사과문을 작성합니다.

안태일 강사님의 신규 연수인 이 정도면 나도 글 좀 쓴다를 홍보하기 위해 연수를 신청하신 선생님 중 100분을 추첨하여 타자기형 기계식 키보드를 증정하는 이벤트를 기획, 실시하였습니다. 그러나 저희의 전산 시스템의 오류로 당첨자를 4천 명이나 선정하게 되었습니다. 이를 수습하는 과정에서 당첨되신 선생님들에게 당첨 취소 사실을 일방적으로 통보하였습니다.

이는 공정하고 명확하게 운영되었어야 할 이벤트 선정 과정의 원칙을 어긴 저희의 명백한 잘못입니다. 또한, 이를 수습하는 과정에서 사안을 근본적으로 해결해야 할 원칙을 지키지 않고 사안을 가볍게 여긴 채, 선생님들에게 일방적으로 취소 사실을 통보하여 선생님들의 마음에 커다란 상처를 드렸습니다.

또한, 최초 당첨되셨던 4천 분의 선생님들 모두에게 원래 드려야 했었던 경품인 기계식 키보드를 죄송한 마음을 담아 발송했습니다. 또한, 아울러 아이스크림을 사랑해주시는 모든 선생님을 대상으로 다시 추첨하여 100분의 선생님에게 32인치 커브드 모니터를 지급해드렸습니다.

사후 이러한 과오가 다시는 발생하지 않기 위해 전산 프로그램의 교체 및 소비자 중심 경영학 특강을 실시하였습니다. 정기적으로 내외부 모니터링 단을 상시 운영하여 선생님 중심의 아이스크림 원격 연수원으로 거듭나고자 최선을 다하겠습니다.

다만, 이번 사안을 포함하여 그간의 모든 이벤트 추첨 과정에 당첨자 지정, 추첨 조작이 있었다는 것은 사실과 다름을 알려드립니다. 그러나 이러한 의혹을 사게 된 것 역시 모두 저희 아이스크림 원격 연수원의 명백한 잘못임을 분명히 인지하고 있습니다.

본 사과문은 아이스크림 연수원 회원 선생님들에게 이메일로 발송해드렸습니다. 또한. 연수원 홈페이지에 게재하고 금일부터 2주일간 메인 화면에 팝업으로 노출할 예정입니다. 저희의 과오로 상처 입으신 모든 선생님과 아이스크림 연수원을 아껴주시는 모든 선생님에게 다시 한 번 진심으로 사과를 드립니다. 차후 이러한 일이 발생하지 않도록 빈틈없이 할 것을 약속드리며, 앞으로는 좋은 모습만을 보여드리는 아이스크림 연수원이 되도록 하겠습니다.

어떤가요? 앞 예시문과 달리 사과의 진정성이 느껴지지요? 〈사과문 쓰기 공식〉의 순서만 지켜도 사과문에 진정성을 더할 수 있습니다. '아' 다르고 '어' 다르다고 했습니다. 말 한마디에 천 냥 빚을 갚을 수도 있고, 대출 이자가 늘어날 수도 있습니다.

🖋 〈사과문 쓰기 공식〉 from 3단계 에세이 쓰기

〈사과문 쓰기 공식〉은 〈3단계 에세이 쓰기〉을 응용한 공식입니다. 우선 〈3단계 에세이 쓰기 공식〉을 살펴보고 〈사과문 쓰기 공식〉으로 어떻게 바뀌었는지 볼까요?

사과문 쓰기 공식

Step 0. 사과문 개요 쓰기

Step 1. 사건 경위, 발생원인 말하기

Step 2. 잘못 고백하기

Step 3. 피해 조치 및 사과 말씀

Step 0 **사과문 개요 쓰기 (사과 대상, 사과 말씀, 사과문 요약)**

다른 글쓰기 공식에서, '미끼'를 투척하기 위해 서두에 '예고편'을 썼었지요? 〈사과문 쓰기 공식〉도 마찬가지입니다. 글 서두에 '예고편'을 씁니다. 이 사과문을 통해서 어떤 메시지를 전달하고 싶은지 전체적으로 알립니다. 우선 사과문을 작성하는 사람이 누구인지 밝힙니다. 법인의 경우에는 해당 법인의 대표가 주로 작성자로 나섭니다. 때로는 단체 이름을 씁니다. 사과문 작성자가 누구인지 밝히는 과정은 매우 중요합니다. 사안에 책임을 질 사람의 직급을 알려주어 사안을 얼마나 심각하게 인지했는지를 알립니다. 아이들과 함께 '미리 써보는 사과문' 수업을 할 때는 "저는 ○학년 ○반 ○○○입니다." 또는, "저는 ○○○님과 ○○○ 님의 딸(아들)인 ○○○입니다." 이렇게 시작하면 되겠죠?

자기소개를 마친 후 전체적인 사과 말씀을 씁니다. 이때 사과의 대상이 누구인지 분명하게 명시해야 합니다. 누구에게 사과하고 있는지를 분명하게 밝히지 않으면 사과문에 진정성이 사라집니다. 만약에 종완이라고 하는 아이가 태범이라고 하는 아이를 넘어뜨렸다고 가정해 보겠습니다. 꽈당 넘어진 태범이가 크게 다쳤습니다. 그러면 당연히 종완이는 태범이에게 사과해야겠죠. 만약 사과문을 작성한다면 "저는 태일 초등학교 5학년 2반 김종완입니다. 저 때문에 크게 다친 태범이에게 사과를 전하고자 합니다."라고 분명하게 사과 대상을 밝혀야 합니다. 그런데 만약에 종완이가 유튜브 라이브 방송을 켜더니 "안녕하세요. 구독자 여러분. 제가 이번에 복도에서 장난을 치다가 그만 같은 반 아이를 넘어뜨렸어요. 친구가 많이 다쳤네요. 저를 믿고 응원해 주신 구독자분들에게 실망 끼쳐 죄송합니다."라며 대국민 사과를 한다고 상상해볼까요? 태범이는 종완이가 사과했다고 생각할까요? 태범이는 몸도 상처를 입었는데, 종완이의 행동 때문에 마음마저 상처를 입게 되겠죠. 사과문의 도입 부분에는 반드시 사과를 받을 대상이 누구인지 명확하게 써야 합니다. 그리고 이 사과문을 통해 어떤 메시지를 전하고 싶은지를 알려야 합니다. 사과문의 전체적인 개요를 적습니다.

자기소개 저는 아이스크림 원격 연수원 영업팀장 유철민입니다.

사과 대상과 사과 말씀 원격 연수 이벤트와 관련하여 불미스러운 일이 발생하여 피해를 보신 여러 선생님과 아이스크림 원격 연수원을 아껴주신 모든 선생님에게 깊은 사죄의 말씀을 드리고자 합니다.

사과문 개요 사건 경위와 저희의 과오, 그리고 이에 따른 피해 보상 조치 및 사후 재발 방지를 위한 노력을 알려드리기 위해 사과문을 작성합니다.

Step 1 사건 경위, 발생원인 말하기

〈3단계 에세이 쓰기〉에서 에피소드를 작성했었죠? 어떠한 일이 발생했는지를 알리는 단계입니다. 그리고 발생 원인이 무엇이었는지도 알립니다. 사건 경위와 발생 원인을 명확하게 밝혀야 하는 이유는 사과의 진정성을 담기 위해서입니다. 사고 대상자에게 사안을 제대로 인지하고 있음을 알려줍니다. 진정한 사과의 첫걸음은 자신이 무슨 일을 저질렀는지 명백하게 인정하는 일입니다. 사안을 덮으려 할 의도가 전혀 없으며 모든 사실을 온전하게 인지했다는 사실을 공표하여 사과 대상자에게 진심을 보여줍니다. 또한, 공개 사과문의 경우, 사과 대상자만 사과문을 읽지 않습니다. 사안에서 한 발자국 떨어진 제삼자들도 사과문을 읽습니다. 사안을 명확히 인지하지 못한 이들에게 무슨 일이 벌어졌는지 알려줘야 합니다.

일반적으로, 기업의 사과문은 당사자뿐 아니라 잠재적 미래 고객을 포함한 불특정 다수가 읽게 됩니다. 당사자가 아닌 사람들이 사과문을 접하게 될 때, 긍정적인 효과는 크게 두 가지입니다. 사과 당사자에게 진정성을 한 번 더 보여줄 수 있고, 브랜드 이미지를 높일 기회를 얻게 됩니다. 사안을 덮으려 하지 않고 공개적으로 자신의 잘못을 인정한다는 자세를 당사자에게 보여줄 수 있습니다. 세간의 비난을 감내할 만큼 반성하고 있으며, 당사자에게 죄송한 마음을 가지고 있음을 어필할 수 있습니다.

기업이 진정한 사과를 했다는 소식을 접한 제삼자들은 기업의 상표 가치를 높게 평가합니다. 즉, 진정한 반성과 사과를 통해 한 층 더 성장할 기회를 얻게 됩니다. 냉정하게 이야기해보죠. 피해 당사자가 아닌 이들은 피해 사실에 그렇게 관심이 있지 않습니다. 때에 따라서는 "저게 사과할 정도인가?" 하는 시각으로 바라보는 사람들도 있습니다. 하지만 사과에 진정성을 담지 않게 되면 제삼자들은 이제부터 다른 관점에서 사안을 이해하게 됩니다. 어떤 기업이나 단체가 무슨 잘못을 했는지는 이제 중요하지 않습니다. 잘못을 저질렀음에도 사안을 인정하지 않고 덮으려는 악덕 기업으로 기억합니다. 따라서 사건의 경위와 발생 원인을 명료하게 작성하여 공개해야 합니다. 실수와 잘못을 인정하는 것은 진정한 사과의 첫걸음입니다. 진정한 사과는 당사자에게는 위로를, 제삼자에게는 귀감을 줄 기회입니다.

아이들과 '미리 써보는 사과문'을 작성할 때도 사안의 경위와 발생 원인을 명확하게 쓰도록 안내하세요. 물론, 실제로 사안이 발생했을 때

'공개 사과문'을 작성하게 할 것인가의 문제는 별도의 고민입니다. 선생님마다 교육 철학적 관점이 다를 수 있습니다. 공개 사과가 교육적이냐 아니냐의 판단은 선생님들의 교육관을 따르시면 됩니다. '미리 써보는 사과문' 수업을 진행하실 때는 공개 사과문을 작성하도록 안내하세요. 사안을 전혀 모르는 사람도 무슨 일이 벌어졌는지 알 수 있도록 구체적으로 쓰도록 지도하세요. 진정한 사과는 자신이 무슨 일을 벌였는지를 명확하게 인지하는 것에서 출발한다는 말씀도 꼭 전해주셔야겠죠?

앞에서 예시를 들었던 종완이와 태범이 이야기로 돌아가 볼까요? 만약 종완이가 사과문을 이렇게 작성했다고 해볼까요? "저는 그냥 복도를 뛰어갔는데 태범이가 쓰러졌습니다. 태범이는 저 때문에 다쳤다고 하지만 저는 사실 기억나질 않습니다." 어떤가요. 사과에 진정성이 느껴지지 않죠?

만약 "저는 복도에서 태범이를 넘어지게 했습니다. 원래 복도에서 뛰면 안 됩니다. 그런데 저는 복도에서 뛰었습니다. 그리고 앞으로 보지도 않고 빨리 달렸습니다. 태범이는 앞을 보고 있었고 저는 태범이를 보지 못했습니다. 저는 그대로 달리다 태범이와 부딪혔고 저 때문에 태범이가 넘어져 다치게 되었습니다."라고 고치면 어떨까요. 사건의 경위와 발생 원인을 명확히 인정하는 것이 얼마나 중요한지 느낌이 오죠?

Step 2 잘못 고백(누구에게, 어떤, 얼마큼)하기

〈3단계 에세이 쓰기 공식〉에서 에피소드 쓰기 다음 순서가 무엇이었나요? 에피소드를 통해 느낀 점과 생각을 적으며 겪은 일에 의미를 부여했었죠? 〈사과문 쓰기 공식〉도 마찬가지입니다. 사건 경위와 발생 원인의 의미를 부여합니다. 벌어진 사건을 통해 누가 피해를 보았는지 명확하게 알립니다. 그리고 어떤 피해가 발생하게 되었고 그 피해 규모는 어느 정도였는지 알립니다. 사건 경위와 발생 원인을 명확하게 인정해야 하는 것과 같은 원리입니다. 다시 종완이와 태범이 이야기로 돌아가 볼까요?

만약 종완이가 사과문을 이렇게 작성했다면 어떤가요? "복도에서 뛰어다닌 저의 잘못 때문에 태범이가 크게 다쳤습니다. 무릎이 까여 피가 흘렀습니다. 발목이 삐어 태범이가 좋아하는 축구도 할 수 없게 되었습니다. 앞으로 최소 일주일은 목발을 짚고 학교에 다녀야 한다고 합니다. 태범이가 몸도 다쳤지만, 좋아하는 축구도 못 하고 불편하게 지내야 해서 태범이는 마음도 다쳤습니다."

분명 종완이가 잘못했는데, 종완이를 꼭 껴안아 주고 싶은 기분이 들지 않나요? 인간은 누구나 잘못과 실수를 저지릅니다. 그렇지만 그 실수와 잘못을 인정하고 달라지려는 노력이 함께할 때, 사람은 그만큼 더 성숙해집니다. 진정한 사과는, 진정한 성장의 밑거름이 될 수 있습니다.

Step 3 피해 조치(즉각, 재발 방지) 및 사과 말씀

〈3단계 에세이 쓰기 공식〉에서 글의 마무리는 정리, 방향 제시, 당장의 구체적 실천이었죠? 〈사과문 쓰기 공식〉의 마무리 단계에서는, 어떻게 대처하겠다는 방향을 제시하고 실천을 적습니다. 이때! 가장 중요한 것은 뭘까요? 사과문은 미래형이 아니라 과거형으로 써야 합니다. 최소한 현재 진행이어야 합니다. 피해가 발생했고, 이를 인지했다면 어떻게 행동해야 할까요? 실질적인 피해 보상이 선행되어야 합니다. 앞으로 피해를 보상하겠다는 미래형이 아니라, 즉각적으로 보상 조처했다는 과거형으로 작성해야 합니다.

그리고 진정으로 사과를 한다면, 앞으로 다시는 이러한 일이 생기지 않도록 달라져야 합니다. 잘못과 실수를 인정하고 이에 따른 보상을 한 뒤에, 새롭게 성장하는 모습을 보여주어야 용서할 마음이 생깁니다. 앞으로 다시는 안 그렇겠다는 선언으로는 부족합니다. 잘못과 실수가 다시는 발생하지 않도록 마땅한 노력을 해야 합니다. 종완이와 태범이 이야기로 돌아가 볼까요?

만약 종완이가 이렇게 사과문을 작성했다고 해볼까요? "태범이가 다치자마자 담임 선생님께 말씀드리고, 태범이를 부축해서 보건실로 갔습니다. 태범이 어머니에게도 진심으로 사과드렸습니다. 그리고 몸이 불편해진 태범이를 위해 체육 수업, 음악 수업할 때마다 태범이와 함께 이동하고 있습니다. 앞으로 다시는 이런 일이 발생하지 않도록 복도에서 뛰지 않겠습니다. 무엇보다도 태범이에게 너무 미안한 마음뿐입니다. 그리고 저 때문에 놀라셨을 담임 선생님과 태범이 어머니에게도 다시 한 번 사과를 드립니다."

분명 종완이가 잘못했는데, 종완이가 너무 예뻐 보이죠? 진정한 사과는 즉각적인 보상 조치, 사후 재발 방지 조치가 선행되어야 합니다. 최소한 '동행'해야 합니다.

🖋 사과문은 성숙해야 한다

사과문은 과거에만 머무르지 않고 미래를 향해야 합니다. 잘못과 실수를 반성하고 더 나은 사람, 더 나은 단체, 더 나은 기업으로 변할 기회로 삼아야 합니다. 인간은 불완전한 존재입니다. 실수와 잘못을 저지르면 안 되지만, 언제나 저지를 수 있습니다. 자신이 저지른 일을 인정하고, 용기 내어 자신의 잘못을 고백할 줄 알아야 합니다. 그리고 더 나은 사람으로 성장해야 합니다. 그것이 진정한 사과입니다. 피해를 본 사람에게 용서를 구하기 위해서는 말뿐이 아닌 보상, 보상을 넘어선 성장이 함께해야 합니다.

그리고 때로는 사과문을 통해 해명해야 할 일이 생길 수 있습니다. 사과문은 해명문이 아닙니다. 사과가 받아들여진 이후에 해명해도 늦지 않습니다. 꼭 해야 할 해명이 있다면 사과문 마지막에 가볍게 언급하는 정도로 거론합니다. 이때 중요한 것은 본질적인 문제를 해명해서는 안 됩니다.

기껏 어렵게 쌓아 올린 진정성이 한순간에 무너질 수 있습니다. 해명은 나중에 해도 늦지 않습니다. 하지만 반드시 해야 한다면, 해명해야 하는 것까지 자신의 잘못임을 고백해야 합니다.

"다만 이 자리를 빌려 꼭 알리고 싶은 이야기가 있습니다. 제가 평소에 태범이를 미워해서 일부러 태범이를 다치게 했다는 이야기는 결코 사실이 아닙니다. 저는 태범이를 좋아합니다. 하지만 이러한 오해를 불러일으킨 것도 제가 잘못했음을 고백합니다. 앞으로는 태범이와 더 친하게 지내고, 다른 사람을 다치게 하지 않는 사람이 되겠습니다. 죄송하고 또 감사합니다."

이렇게 〈사과문 쓰기 공식〉의 모든 단계를 살펴보았습니다. 글은 쓰면 쓸수록 좋아집니다. 〈사과문 쓰기 공식〉에 맞추어 연습하기를 함께 해볼까요? '미리 써보는 사과문'도 아이의 관점에서 작성해보면, 학생들을 지도할 때 많은 힌트를 얻을 수 있습니다. 우리 선생님들이 〈사과문 쓰기 공식〉을 인성 교육 이외에 일로, 사용할 일은 결코, 절대, 반드시 없기를 기도합니다!

연습하기

— ✏️ 담임 선생님이 잘못한 일

— ✏️ 교장 선생님이 되어, 선생님들에게 사과문 써보기

— ✏️ 반 아이가 되어, 친구에게 사과문 써보기

— ✏️ 부모님께 사과하기

— ✏️ 타임머신 타고 그 시절로 돌아가 그때 그 사람에게 사과하기

— ✏️ 미리 써보는 사과문

글쓰기 지옥에서 얇은 동아줄을 잡다!
생활기록부 글쓰기

🖋 <생활기록부 글쓰기 공식>의 무쓸모

<생기부 글쓰기 공식>을 살펴보기 전에 미리 안내 말씀드립니다. 생기부 입력의 세부 지침은 해마다 업데이트되는 교육부, 교육청의 지침을 확인하세요. 어떤 내용을 써야 할지 말 아야 할지, 어떻게 써야 할지는 매해 수시로 바뀝니다. 이 책에서는 '글쓰기' 자체만 고민합니다. 생기부 작성 매뉴얼이 가장 중요합니다!

실전 학교 글쓰기 공식의 마지막 챕터입니다. 그런데 참 이상하죠? 항상 챕터의 시작은 공식의 '쓸모'는 뭐가 있는지 설명해 드리며 시작했었죠? 그런데 '무쓸모'라니. 쓸모도 없는 공식을 무엇 하러 시간 내서 알아두어야 할까요? 생기부 글쓰기 공식을 배운다고 해서 크게 달라질 것이 없으므로 '무쓸모'라는 표현을 썼습니다. 다른 공식들은 익혀두면 참 쓸모가 많았습니다. <문장 뭉치기 세트 공식>을 익히면 문장을 죽죽 앞으

로 밀고 나갈 힘을 얻습니다. 〈3단계 에세이 쓰기 공식〉부터 〈사과문 쓰기 공식〉까지 글쓰기 공식을 익혀두면 글 한 편을 뚝딱 쓸 수 있는 '쓸모'가 있습니다. 한 줄 쓰는 일도 힘들었던 내가 한 장, 두 장을 쉽게 채워나갑니다. 무슨 말을 쓰고 있는지 나조차도 몰랐습니다. 그런데 공식 순서에 맞추어 쓰다 보니 무슨 말을 해야 할지가 보입니다. 지금 내가 아는 부분을 채워나가는지 전체적인 그림도 그려집니다. 공식에 맞추어 글을 쓰면 글쓰기가 쉬워집니다. 글쓰기가 쉬워지니 글쓰기가 재밌습니다. 쉽고, 재밌습니다. 글 한 편을 완성하는 데 들어가는 시간도 확 줄어듭니다. 글쓰기 지옥에서 해방된 기분! 그것이 바로 글쓰기 공식의 마법입니다. 그것이 바로 글쓰기 공식의 '쓸모'입니다.

하지만, 생기부 글쓰기 공식은 그런 '쓸모'가 없습니다. 이 공식을 익혀둔다 한들 생기부 글쓰기 지옥에서 영원히 고통 받아야 한다는 자명한 운명은 달라질 리 없기 때문입니다.

🖋 세상에서 가장 괴로운 글쓰기, 생기부 글쓰기

글쓰기는 본래 즐거움 그 자체입니다. 내가 보고 느낀 것을 속 시원하게 글로 써 내려가다 보면, 속이 뻥 뚫리는 쾌감을 느낍니다. 그림, 사진, 영상에 내 생각을 담기란 쉽지 않습니다. 구도를 잡아야 하고, 색을 칠해야 하고, 순간을 포착해야 하고, 배우들과 스텝이 필요합니다. 나 홀로 이 모든 작업을 한다고 해도 내가 하고픈 말을 직접 하기란 참 어렵습니다. 하지만 글은 어떤가요? 자기 생각과 속마음을 쉽게 표현할 수 있습니다. 배가 고프다, 맛이 있다, 맛이 없다, 다시는 가지 않겠다, 또 가고 싶다. 내 머릿속에 맴도는 생각들을 그냥 글자로 옮겨 적기만 하면 됩니다. 얼마나 편리한가요. 다른 사람 눈치 보지 않고 내 생각을 그대로 글로 나타낼 수 있으니, 글쓰기야말로 즐거움 그 자체요, 행복입니다.

하지만 생기부 글쓰기는 괴롭습니다. 내가 보고 느낀 것을 적을 수 없습니다. 갑갑한 마음으로 생기부 빈칸을 채워나가다 보면 몸에 사리가 생기는 기분을 느낍니다. 차라리 내가 본 것들을 사진으로 찍거나 동영상으로 촬영하면, '진실'을 그대로 담아낼 수 있지 않을까 싶기도 합니다. 교사의 주관적 견해를 못 믿겠다는 세간의 시선에 지칩니다. 그냥 차라리 녹음, 녹화 파일을 업로드 하면 안 되나 하는 생각도 해봅니다. 고등학교의 경우, 대학교 입시에 생기부가 너무도 중요합니다. 그러다 보니 생기부 입력을 마쳐도 생기부를 나 혼자 마감할 수 없습니다. 모든 선생님과 서로 바꿔서 입력한 내용을 점검합니다. 학년별로 생기부를 서로 바꿔서 점검합니다. 교무부 선생님들이 다시 검토합니다. 방학 중에 근무조 선생님이 다시 토씨 하나하나 살핍니다. 팔만대장경이 이런 겹겹 과정을 겪으며 탄생했구나 싶습니다.

더구나 내가 하고픈 말을 그대로 해서는 안 됩니다. 속이 답답합니다. 떠든다, 버릇이 없다, 친구들을 괴롭힌다, 욕을 너무 많이 한다, 집중력이 떨어진다. 이런 말은 절대로 쓸 수도 없습니다. 내 머릿속에 맴도는 생각들을 그냥 글자로 옮겨 적고 싶은데, 교육청과 교육부는 그러지 말라고 엄포를 놓습니다. 얼마나 불편한가요. 다른 사람 눈치 보느라 내 생각을 그대로 글로 나타낼 수 없으니, 생기부 글쓰기야말로 괴로움 그 자체입니다.

초등학교에서는 '행동 특성 및 종합의견'(앞으로는 그냥 '행발'이라고 하겠습니다.)을 학부모님이 볼 수 있다고 합니다. 이 소식을 처음 들었을 때 받은 충격은 이루 말할 수 없습니다. 입을 쩍 벌리고 멍하니 그대로 몸이 굳었습니다. 왜냐면, 고등학교에서는 상상도 못 할 일이기 때문입니다. 고등학교 생활기록부에서 '교과 세부 능력 특기사항'(앞으로는 그냥 '세부 능력과 특기사항'이라고 하겠습니다)과 행발을 학부모님이 볼 수 없습니다. 오로지 대입 교수님들, 입학사정관들만 볼 수 있습니다. 입시와 직결되다 보니 행여 학부모님이나 학생이 읽게 되어 여차여차 입시 부정이 발생할 우려가 있기에, 학생과 학부모님은 행발을 읽을 수 없습니다. 곰곰이 생각해봤습니다. 초등학교 선생님들은 행발을 쓸 때 어떠한 마음가짐으로 써야 할까. 고등학교 선생님들은 또 어떤 마음으로 행발 쓰기에 임할까.

내가 보고 들은 것을 있는 그대로 적을 수 없고, 내가 느끼고 판단한 것을 적을 수 없으며, 적을 필요 없는 내용을 적어야 합니다. 그렇다고 내가 보고 듣지 않은 것을 적어서도 안 되고, 판단 근거자료가 없어서도 안 되고, 마감 기한을 무조건 지켜서 무조건 써야 하니 생기부 글쓰기는 너무 괴롭습니다. 그래서 생기부 글쓰기 공식은 별 쓸모가 없습니다. 몇 가지 팁은 건져갈 수도 있습니다. 하지만 그마저도 경력이 경지에 오른 선생님들에게는 그야말로 무쓸모입니다. 남들 다 아는 것을 무엇 하러 또 알아둘 필요가 있을까요?

🌿 그나마 써먹을 수 있는 <생활기록부 글쓰기 공식>의 쓸모

> **생활기록부 글쓰기 공식**
> 생기부용 문장 뭉치기 공식
> : 평가 문장 + 관찰한 구체적 근거 예시 문장
> 카테고리 로드맵
> : 항목을 카테고리로 정리해두고 항목별 전진하기
> 조사 - 말끝 바꾸기
> : 글이 전진 되지 않을 때는 조사나 말끝을 바꿔 써보기

그런데도 생기부 글쓰기 요령은 아주 조금, 생기부 작성할 때 도움이 될수 있습니다. 아주 조금. 하지만 저는 도움을 많이 받았습니다. 초임 교사 시절부터 이 책을 쓰기 얼마 전까지만 해도 저는 생기부 글쓰기가 너무 괴로웠습니다. 물론 지금도 괴롭지만, 그 시절에는 괴로움의 크기가 지금보다 훨씬 더 컸습니다. 생기부 입력 시즌이 다가오면 선배 선생님들이 정말 많이 도움 주셨습니다. 몇 글자까지 써야 한다, 언제까지 제출해야 한다, 연구부, 인문 사회부, 예체능부, 학생부, 자연과학부에서 건너온 자료는 이거다. 이걸 참고해서 입력하면 된다. 누가 입력을 잊지 마라. 이런 단어는 쓰면 안 된다. 맞춤법 검사는 이 사이트를 이용하면

된다. 선배 선생님들의 친절한 설명을 들으며 꾸역꾸역 어떻게든 해마다 생기부를 마감하긴 했습니다. 어떤 내용을 입력하라는 도움은 많이 받았습니다. 그런데, 글 자체를 어떻게 써야 하는지는 알려주신 분이 없었습니다. 그도 그럴 것이, 그 누구도 글쓰기 자체에 자신이 없었기 때문입니다. 생기부 글쓰기는 원래 답이 없었으니까요.

조금이라도 덜 힘들게 생기부 글쓰기를 할 수 있는 방법은 없을까. 그때부터 이런저런 실험을 해봤습니다. 그리고 저만의 생기부 글쓰기 요령을 정리했습니다. 〈생기부 글쓰기 공식〉의 그나마 있는 '쓸모'는 크게 3가지입니다. 문장을 밀고 나갈 힘 얻기, 작성 중에 길을 잃지 않기, 막힌 문장 탈출로 찾기 등입니다.

우리가 책의 초반부에 익혔던 〈문장 뭉치기 공식〉을 응용해서 '생기부용 문장 뭉치기 공식'을 만들었습니다. 문장 뭉치기 공식을 활용하면 글을 앞으로 전진시킬 수 있었음을 기억하시죠? 생기부 글쓰기 문장도 마찬가지입니다. '생기부용 문장 뭉치기 공식'에 맞추어 한 발자국씩 천천히 그리고 묵묵히 밀고 나가면 됩니다. 생기부 글쓰기는 여전히 괴롭겠지만, 이 괴로운 글쓰기 지옥에서 조금이라도 더 빠르게 빠져나갈 힘을 얻습니다.

광활한 생기부 빈칸을 채우다 보면 도대체 내가 어느 부분을 쓰고 있고 무슨 내용을 적고 있는지 멍해질 때가 있습니다. 〈생기부 글쓰기 공식〉의 '카테고리 로드맵'을 펼쳐 놓고 손가락으로 짚어가며 현재 위치를 확인하세요. 눈앞에 지옥 지도가 펼쳐져 있다 한들, 글쓰기 지옥이 글쓰기 천국으로 변할 리는 없습니다. 하지만 이 지옥 어딘가에 내가 있는지를 확인하면, 적어도 어디를 향해야 할지 방향 감각이 생깁니다. 그것만으로도 생기부 글쓰기 지옥에서 버틸 힘이 조금이나마 생겨납니다.

써 줄 말은 분명히 머릿속에 있는데도 문장이 풀리지 않을 때가 있습니다. 그럴 때는 〈생기부 글쓰기 공식〉의 '조사-말끝 바꾸기'를 활용하세요. 막히고 꼬여있던 문장이 신기하게 풀리는 경험을 할 수 있습니다.

✍ 생기부용 문장 뭉치기 공식

〈생기부 글쓰기 공식〉을 자세하게 알아보기 전에 공식의 모양을 전체적으로 살펴볼까요? '생기부용 문장 뭉치기 공식'은 간단합니다. 형식은 간단하지만, 문장을 밀고 나가는 힘은 대단합니다. 빈칸을 죽죽 채워나갈 수 있습니다. 생기부 입력 항목과 관련된 행동들을 관찰한 후 이를 한 문장으로 평가합니다. 그리고 이 평가 문장에 근거를 붙여줍니다. 근거는 구체적인 활동 예시를 붙여줍니다.

'카테고리 로드맵'은 글쓰기 지옥의 평면도를 전체적으로 조감할 수 있는 지도입니다. 행발에 입력해야 할 내용 들을 카테고리 화해서 나눕니다. 그리고 카테고리를 하나씩 채워나가면 됩니다. 지금 내가 어떤 내용을 쓰고 있는지를 수시로 확인하고 점검할 수 있습니다. 길을 잃지 않으니 '탈출' 방향을 제대로 잡을 수 있습니다. 1분이라도 빨리 글쓰기 지옥에서 벗어날 희망을 줍니다.

　꼬인 문장이 도무지 풀리지 않아 문장을 완성할 수 없을 때, '조사-말끝 바꾸기'를 하면 의외로 쉽게 꼬인 문장이 풀립니다. 생기부 글쓰기 때문에 꼬이고 또 꼬인 우리의 일정을 조금이라도 빨리 풀어낼 수 있는 희망을 줍니다.

> **생기부용 문장 뭉치기 공식**
> 평가 문장 + 관찰한 구체적 근거 예시 문장

　학생의 특성을 먼저 씁니다. 그리고 뒤에 평가 문장을 뒷받침해주는 구체적인 근거를 붙여줍니다. 〈문장 뭉치기 공식〉 중에서 '핵심 + 구체적 예시' 유형과 같습니다. 이 문장 유형은 고등학교 생활기록부를 작성할 때 특히 더욱 중요합니다. 고등학교의 생기부는 사실상 입시 자료입니다. 수험생이 지원한 대학의 교수 또는 입학사정관에게 보내는 '추천서'에 가깝습니다. 추천서를 "우리 반 아이는 정말 훌륭합니다. 머리도 좋고요. 인품도 좋습니다. 수업 태도도 너무 좋습니다. 믿을만한 친구이니 꼭 좀 합격시켜주세요."라고 쓸 수는 없겠죠? 교수님은 '추천서'를 객관적으로 분석하고 학생의 당락을 결정해야 합니다. 그러면 당연히 교수님이 요구하는 것은 무엇일까요? "알겠습니다. 알겠는데. 이를 입증할 구체적인 근거를 제시하셔야죠?"라고 묻겠죠? 그래서 학생의 특성을 제시했다면, 그 특성을 입증할 구체적인 관찰 내용을 함께 제시해야 합니다. 초등학교의 생기부는 학부모님들이 읽습니다. 학부모님은 자기의 아이가 학교에서 어떻게 지내고 있나 궁금합니다. 물론, 학부모님 중 일부는 "너무 착하고요. 너무 인기 많고요. 너무 똘똘하고요. 너무 수업 태도 좋고요. 너무 성실합니다."하고 생기부가 용비어천가처럼 아이를 찬양하길 원할지도 모릅니다. 하지만 아이가 구체적으로 어떻게 행동하고 있는지를 함께 써주면 학부모님 입장에서는 얼마나 고마울까요. 글을 통해 아이의 모습이 그려지도록 구체적인 관찰 근거를 함께 제시하세요. 물론, 아이의 '모든' 모습을 적나라하게 적을 수는 없겠죠.

청소를 잘하는 학생입니다.

평가 문장 항상 성실한 자세로 학급을 위한 활동에 솔선수범하여 적극적으로 참여함.

관찰한 근거 예시 시험을 맞이하여 고사실 환경 정비 활동 시간에 쓸기 역할과 닦기 역할 등을 가리지 않고 다양한 활동에 적극적으로 임하는 모습을 보임.

합체 항상 성실한 자세로 학급을 위한 활동에 솔선수범하여 적극적으로 참여함. 시험을 맞이하여 고사실 환경 정비 활동 시간에 쓸기 역할과 닦기 역할 등을 가리지 않고 다양한 활동에 적극적으로 임하는 모습을 보임.

별것 아닌 문장 뭉치기 공식입니다. 하지만 문장을 죽죽 밀고 나갈 큰 힘을 얻습니다. 가장 중요한 핵심 문장을 일단 던집니다. 이 아이의 특성을 먼저 제시합니다. 그리고 나서 이를 입증할 구체적 예시를 적습니다. 그리고 다시 다른 특성을 제시하고 뒷받침하고, 다시 다른 특성을 제시하고 또 이를 뒷받침합니다. 자, 그러면 이제 드는 의문입니다. 문장 뭉치기 공식으로 죽죽 밀고 나가야겠다는 말은 알겠습니다. 그런데 그다음에 어떤 특성을 적어야 하나 골똘히 생각하다가 시간이 죽죽 가곤 합니다. 어떻게 하면, 이 특성에서 다음 특성으로 나아갈 때 걸리는 교통 체증 시간을 줄일 수 있을까요? 이럴 땐 '카테고리 로드맵'을 활용하면 됩니다.

카테고리 로드맵

머릿속에서 떠오른 대로 특성들을 입력하다 보면 길을 잃습니다. 다음에 적어야 할 항목이 바로 떠오르지 않습니다. "내가 이 내용을 썼나?" 하고 이미 지나온 글을 돌아가 검토합니다. 그리고 시간을 또 와 그 작 잡아먹습니다. 안 됩니다. 우리는 한시라도 빨리 이 글쓰기 지옥에서 벗어나야 합니다. 탈출로가 어디인지 늘 확인해야 합니다. 놀이공원 이용 방법을 떠올려보세요. 젊은 연인끼리 알콩달콩 시간을 보낼 때와 전투적으로 모든 놀이기구를 최단 시간에 타고 말겠다고 움직일 때의 동선은 당연히 다릅니다. 오늘 우리는 최단 시간에 최대한 놀이기구를 많이 타야 한다고 선언한 사람이라면 어떨까요? 동선 하나하나가 엄청 중요합니다. '원정대'는 그냥 움직이지 않습니다. 일단 입구에서 나눠준 놀이공원 지도를 펼칩니다. 그리고 펜을 들어 순서를 정합니다. 생활기록부 글쓰기도 마찬가지입니다. 특히 행발 글쓰기는 더욱더 그렇습니다. 반드시 '로드맵'을 펼쳐 놓고 글쓰기에 임해야 합니다.

> **카테고리 로드맵**
> 항목을 카테고리로 정리해두고 항목별 전진하기

행발 입력은 학생을 1년 동안 관찰한 기록을 바탕으로 아이를 전체적으로 평론하는 글쓰기입니다. 학생들이 읽으라고 쓰는 글이 아니죠. 어른들 보라고 쓰는 글입니다. 애들은 가라, 어른만 보라 되겠습니다. 초등학교와 고등학교는 '어른 독자'가 다릅니다. 초등학교 행발은 학부모님이 독자이고, 고등학교 행발은 교수님이 독자입니다. 글은 쓰는 이와 읽는 이가 명백히 존재합니다. 이걸 누가 보겠냐는 심정으로 글을 쓸 때와 이 글은 '독자'가 읽는다는 사실을 염두에 두고 글을 쓸 때는 다릅니다. 글의 방향도 다르고 글 온도도 다르고 글의 내용도 달라집니다. 행발에 입력할 특성들을 카테고리 할 때 '독자'를 상상하세요. 행발을 읽을 독자가 궁금해 할 것들은 무엇일까. 그 항목들을 어떻게 묶어서 카테고리 할지 고민해보세요.

저는 고등학교 교사입니다. 저의 생기부 글쓰기 독자는 교수님입니다. 우리 아이들의 당락을 결정할 분들이 독자입니다. 내가 만약 교수 또는 입학사정관이라면 아이의 특성 중에서 어떤 것들을 궁금해 할까? 고민해봤습니다. 그리고 생기부를 읽을 때 교수님은 어떤 심정일지 골똘히 생각해봤습니다. 그리고 행발에 입력할 항목들을 비슷한 유형끼리 묶어서 카테고리로 정리했습니다. 순서는 상관없을 테지만, 생기부를 읽을 때 교수님이 특히 더 관심 있어야 할 내용의 순서를 앞으로 배치했습니다. 읽어야 할 생기부 숫자도 많을 테고, 생기부도 두께가 만만치 않을 겁니다. 생기부 읽다가 지칠 교수님의 심정을 헤아려 주면 어떨까. 조금이라도 우리 아이에게 유리하지 않을까. 그래서 제 나름대로 '중요'한 특성들을 앞으로 배치했습니다. 그래서 만든 '저만의 카테고리'입니다.

❶ 학습 태도
❷ 사고 능력
❸ 인성
❹ 재능, 잠재 능력, 발전 가능성 및 총평

이렇게 4가지로 카테고리를 정리했습니다. 입시에서는 결국 성적이 가장 중요합니다. 그것은 현실이죠. 그래서 성적과 관련이 깊은 학습 태도를 가장 먼저 배치해봤습니다. 수업 시간에 수업 참여도는 어땠는지. 스터디 그룹을 만들고 학습 플래너를 작성하면서 체계적으로 공부했는지. 독서는 어떻게 하고 있는지. 학습 태도와 관련된 항목들을 묶어봅니다.

그리고 대학교에 입학 후에 수업을 잘 따라올 수 있는지, 지원한 학과와 적성이 맞는지를 보여주기 위해 사고 능력을 다음에 배치했습니다. 모든 종류의 사고력을 다 적어주면 좋겠지만 그런 천재는 흔치 않죠. 만화책에서나 볼 수 있는 아이일 겁니다. 우리 아이가 얼마나 똑똑한지 체계적으로 자랑할 수 있게 항목들을 정리했습니다.

교수님들은 수시를 선호한다고 합니다. 여러 가지 이유가 있겠지만 아이의 성품을 살펴볼 기회가 조금이라도 있기 때문이지 않을까 생각했습니다. 그래서 그다음에 인성을 배치했습니다. 끝으로 성적이나 사고 능력으로 표현하기 힘든 재능, 잠재 능력 그리고 발전 가능성을 제시합니다. 행발(또는 교과 세부 능력과 특기사항)을 마무리하면서 학생의 특성에 관해 총평을 곁들이면서 입력을 마감하기로 했습니다. 행발 입력 내용을 크게 4가지로 나눈 다음, 다시 카테고리 별로 세부 항목을 정리해봤습니다.

❶ 학습 태도
(1) 수업 시간
(2) 자기 주도적 학습 능력
(3) 독서 활동

❷ 사고 능력

(1) 탐구 능력

(2) 가설 설정, 가설 검증

(3) 합리적 의사결정 능력

(4) 의사소통 능력

(5) 비판적 사고력

(6) 메타인지

(7) 자원 관리 능력

(8) 창조적 사고력

(9) 협업 능력

(10) 문해력

❸ 인성

(1) 교우 관계

(2) 봉사 정신

(3) 나눔과 배려

(4) 자존감

❹ 재능, 잠재 능력, 발전 가능성

(1) 예체능 재능

(2) 기술 재능

(3) 진로 탐색

(4) 잠재력과 발전 가능성

이렇게 카테고리를 정리한 다음 엑셀을 엽니다. '카테고리 로드맵'을 활용하면 생기부 글쓰기 지옥에서 길을 잃지 않습니다. 내가 지금 어디를 쓰고 있는지 확인할 수 있습니다. 한 가지 항목을 입력 끝났으면 그다음 항목을 입력하면 됩니다. 앞으로 전진하세요. 다음 구역, 또 다음 구역을 짚어가며 하나씩 전진하면 막막함이 사라집니다. 목표 의식이 생깁니다. 어디로 가야 하는지, 얼마나 가야 하는지를 안다는 것이 여정을 줄여주진 않습니다. 하지만 여정을 버텨낼 의욕을 심어줍니다.

초등학교의 행발의 경우, 학부모님이 독자입니다. 카테고리를 어떻게 나누면 좋을까요? 항목 입력 순서를 어떻게 배치하면 효과적일까요? 선생님만의 행발 '카테고리 로드맵'을 만들어보세요. 공란을 채워나갈 힘을 얻을 수 있습니다. 중학교, 고등학교 선생님도 마찬가지입니다. 자신만의 '카테고리 로드맵'을 만들어보세요. 선생님의 교육철학, 상황에 따라 항목을 나누고 다시 묶어보세요. 생기부 글쓰기 지옥 불의 온도가 조금은 견딜만하게 미지근해진답니다.

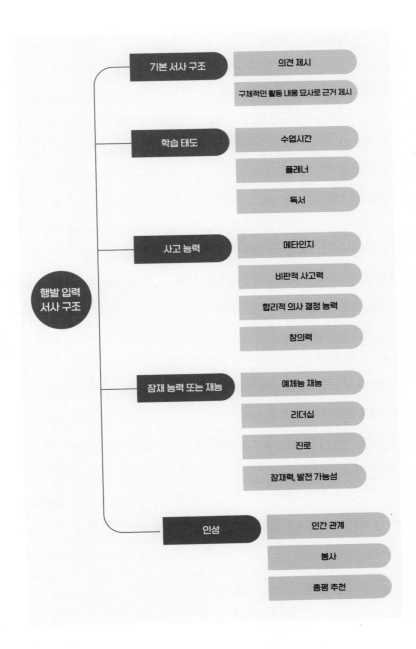

🖋 교과 세부 능력 및 특기사항 쓰기

우리는 그동안 예시문을 먼저 살펴본 후에 공식을 살펴보았죠? 그리고 주로 좋은 예시문과 덜 좋은 예시문을 비교했었습니다. 그런데 생기부 글쓰기 공식을 설명할 때는 이제야 예시문을 보여드립니다. 그것도 좋은 예시문은 보여드리지 못하고 덜 좋은 예시문만 보여드립니다. 사연이 있습니다. "선생님들, 이 공식을 활용하면 이 정도 글을 뚝딱 쓸 수 있습니다." 하면서 즐거운 마음으로 예시문을 보여드렸습니다. 비록 완벽한 예시문은 아니지만, 적어도 이 정도는 쓸 수 있다는 확신을 드렸습니다. 글쓰기가 얼마나 쉬워지고 또 얼마나 재밌어지는지 보여드렸습니다. 그래서 예시문을 먼저 보여드리고 공식을 하나씩 살펴보았죠.

그런데 말입니다. 생기부 글쓰기는 도무지 그런 기분이 나질 않습니다. 생기부 글쓰기는 뭘 해도 글쓰기 지옥입니다. "선생님들, 이 공식을 활용하면 생기부 글쓰기를 멋지게 뚝딱 쓸 수 있습니다."라고 하는 말은 거짓말입니다. 생기부 글쓰기는 뭘 해도 멋지지 않습니다. 생기부 글쓰기는 원래 어렵고 또 원래 재미없습니다. 예시문을 보여드린다 한들 누구도 즐거워하시지 않을 것입니다. 그래서 예시문을 보여드리지 못했습니다. 그리고 이제야 예시문을 꺼냅니다. 이 예시문은 좋은 예시문이 아닙니다. 그냥 〈생기부 글쓰기 공식〉대로 써본 글입니다. 말 그대로 예시만 들어본 글입니다. 시무룩한 기분을 털어내고 예시문을 살펴볼까요?

학년 초부터 꾸준히 학습 플래너를 작성하고 이를 지키기 위해 부단한 노력을 아끼지 않음. 원격 수업 기간에도 담임교사에게 학습 점검표를 수시로 보내어 자신의 학습 태도를 점검하는 자세를 보임. 자신의 흥미에 맞지 않는 과목을 학습할 때도 끝없이 노력하는 태도를 유지하여 많은 교과 교사로부터 깊은 신뢰를 얻음. 의사결정 능력과 소통 능력이 뛰어남. 학급회의 시간에 차분하게 자신의 의견을 개진하고 반대 측의 의견을 경청하여 자신의 의견을 수정한 뒤 합의점을 찾는 모습을 보임. 학급의 모든 학생과 원만한 교우 관계를 형성함. 언어의 사용에 있어 교양과 배려심이 가득하며, 갈등 관계에 있는 친구가 없음. 수행평가, 학급 행사 등을 위해 조원을 구성할 때 항상 가장 많은 지명을 받을 정도로 학급 친구들의 신뢰를 얻음. 뚜렷한 진로 목표와 진학 목표를 갖추고 이를 실현하기 위해 체계적인 노력을 멈추지 않음. 다양한 진학 자료를 수시로 정리한 후 담임 교사에게 먼저 제시하고 함께 고민하며 조언을 듣는 시간을 자주 가짐. 지금처럼 자신의 학습을 끝없이 모니터링하고 개선하려는 노력을 계속 이어나간다면 본인이 희망하는 영역과 수준을 넘어 더 큰 인재로 성장할 것으로 크게 기대됨.

생기부 문장 뭉치기 공식에 따라 쓴 흔적이 잘 보이시죠? 핵심 평가 문장을 먼저 제시하고 뒤이어 구체적인 예시 문장을 붙여 문장 세트를 만들었습니다. 제가 만든 카테고리 로드맵에 따라 글을 밀고 나갔습니다. 어떤 항목들이 숨어 있는지 살펴볼까요?

- **학습 태도 - 자기 주도 학습 능력, 수업 태도**

학년 초부터 꾸준히 학습 플래너를 작성하고 이를 지키기 위해 부단한 노력을 아끼지 않음. 원격 수업 기간에도 담임교사에게 학습 점검표를 수시로 보내어 자신의 학습 태도를 점검하는 자세를 보임. 자신의 흥미에 맞지 않는 과목을 학습할 때도 끝없이 노력하는 태도를 유지하여 많은 교과 교사로부터 깊은 신뢰를 얻음.

- **사고 능력 - 의사소통 능력, 합리적 의사결정 능력**

의사결정 능력과 소통 능력이 뛰어남. 학급회의 시간에 차분하게 자신의 의견을 개진하고 반대 측의 의견을 경청하여 자신의 의견을 수정한 뒤 합의점을 찾는 모습을 보임.

- **인성 - 교우 관계**

학급의 모든 학생과 원만한 교우 관계를 형성함. 언어의 사용에 있어 교양과 배려심이 가득하며, 갈등 관계에 있는 친구가 없음. 수행평가, 학급 행사 등을 위해 조원을 구성할 때 항상 가장 많은 지명을 받을 정도로 학급 친구들의 신뢰를 얻음.

- **진로 탐색**

뚜렷한 진로 목표와 진학 목표를 갖추고 이를 실현하기 위해 체계적인 노력을 멈추지 않음. 다양한 진학 자료를 수시로 정리한 후 담임 교사에게 먼저 제시하고 함께 고민하며 조언을 듣는 시간을 자주 가짐.

지금처럼 자신의 학습을 끝없이 모니터링하고 개선하려는 노력을 계속 이어나간다면 본인이 희망하는 영역과 수준을 넘어 더 큰 인재로 성장할 것으로 크게 기대됨.

교과 세부 능력 및 특기사항(세부 능력과 특기사항)도 행발 입력과 크게 다르지 않습니다. 각 교과에 특성에 맞는 항목들을 정리하고 카테고리로 묶어서 로드맵을 만들면 됩니다. 저는 고등학교에서 일반사회(정치, 경제, 법, 사회학, 문화인류학 등)를 가르칩니다. 학교급과 교과 특성을 고려해서 저의 세부 능력과 특기사항 카테고리를 보시면 됩니다. 그러면 선생님만의 세부 능력과 특기사항 카테고리 로드맵을 어떻게 만들면 좋을지 감이 올 겁니다.

❶ 전반적인 수업 태도와 교과 관련 사고력
❷ 평소 흥미 분야(진로 개척 관련)
❸ 수행평가 때 무엇을 했는가?
❹ 과목과 관련된 발전 가능성

행발 카테고리 로드맵과 큰 차이가 없지요? 이제 세부 능력과 특기사항 로드맵을 따라 작성한 예시문을 살펴볼까요?

성실한 수업 태도를 일관되게 보여줌. 수업 전 수업을 미리 준비하고 학급 친구들에게 진도를 미리 알려주며 교사의 질문에 누구보다도 먼저 대답하려는 적극성을 보여줌. 비판적 사고력이 특히 뛰어나 교과 관련 시사 이슈에 다양한 의견을 제시함. 특정한 정치적 입장에 한정되어 이슈를 분석하려 하지 않고 객관적인 근거자료를 비교하며 자기 생각을 정리해나가는 모습을 조별 토론 수업 때마다 자주 보여줌. 미술 분야에 관심이 높아 사회 현상 탐구 발표 주제로 미술가 지원을 위한 다양한 정책을 다룸. 시간적 관점으로…. 미술 진흥 정책이 도입되게 된 배경을 설명하고 정책이 어떠한 식으로 변해왔는지 구체적 자료를 제시하며 학생들에게 쉽게 설명함. 공간적 관점으로 (중략) 오히려 형평성과 공공성을 지키는 정책임을 조리 있게 주장함. 민주시민으로 성장하는데 필요한 다양한 고급 사고력을 갖춘 학생인 만큼 향후 다양한 분야에서 이를 활용하는 인재로 성장할 것으로 기대됨.

세부 능력과 특기사항 글쓰기 역시 생기부 문장 뭉치기 공식에 따라 쓴 흔적이 잘 보이시죠? 핵심 평가 문장을 먼저 제시하고 뒤이어 구체적인 예시 문장을 붙여 문장 세트를 만들었습니다. 어떤 항목들이 숨어 있는지 살펴볼까요?

- 교과 관련 사고력 : 비판적 사고력

비판적 사고력이 특히 뛰어나 교과 관련 시사 이슈에 다양한 의견을 제시함. 특정한 정치적 입장에 한정되어 이슈를 분석하려 하지 않고 객관적인 근거자료를 비교하며 자기 생각을 정리해나가는 모습을 조 별 토론 수업 때마다 자주 보여줌.

- 평소 흥미 분야 : 진로 개척 관련

미술 분야에 관심이 높아 사회 현상 탐구 발표 주제로 미술가 지원을 위한 다양한 정책을 다룸.

- 수행평가 때 무엇을 했는가 : 보고서와 발표

시간적 관점으로…. 미술 진흥 정책이 도입되게 된 배경을 설명하고 정책이 어떠한 식으로 변해왔는지 구체적 자료를 제시하며 학생들에 게 쉽게 설명. 공간적 관점으로 (중략) 오히려 형평성과 공공성을 지키는 정책임을 조리 있게 주장함.

- 총평

민주시민으로 성장하는데 필요한 다양한 고급 사고력을 갖춘 학생인 만큼 향후 다양한 분야에서 이를 활용하는 인재로 성장할 것으로 기 대됨.

- 전반적인 수업 태도

성실한 수업 태도를 일관되게 보여줌. 수업 전 수업을 미리 준비하고 학급 친구들에게 진도를 미리 알려주며 교사의 질문에 누구보다도 먼저 대답하려는 적극성을 보여줌.

🖋 조사 – 말끝 바꾸기

생기부용 문장 뭉치기 공식에 맞춰 글을 쓰다보면 처음에는 술술 글이 풀립니다. 가장 중요한 내용을 먼저 던지고 이를 수습하기 위해 구체적인 근거를 붙여가니 뭔가 입력이 잘되는 듯합니다. 그런데 갑자기 문장이 막힐 때가 있습니다. 문장을 어떻게 조합해야 하는지를 명확히 알고 있는데 문장이 그대로 꼬여버립니다. 이렇게도 풀어보고 저렇게도 풀어보려고 해도 꼬인 글은 더 꼬여갑니다. 카테고리 로드맵에 맞춰서 항목을 하나씩 격파해가며 글을 입력해봅니다. 처음에는 술술 글이 풀립니다. 나만의 로드맵을 만들어서 하나씩 미션을 완수하는 느낌으로 글을 입력하니 속도가 붙는 듯합니다. 그런데 또 갑자기 문장이 막힐 때가 있습니다. 다음에 무슨 문장을 써야 할지는 알겠는데 지금 쓰는 문장이 꼬여서 답답할 때가 많습니다.

그럴 때는 문장의 조사나 서술어를 이렇게도 바꿔보고 저렇게도 바꿔보세요. 그러면 기적처럼 글이 짠하고 풀리기도 합니다. 예를 들어볼까요?

〈수업 시간에 집중을 잘한다〉는 느낌을 살리고 싶은데 문장이 꼬였을 때

- 집중〈함〉 매 수업 시간에 집중함.
- 집중〈하는〉 수업 시간마다 집중하는 모습을 보임.
- 집중〈하여〉 매 수업 시간에 집중하여 적극적으로 참여하는 모습을 보임.
- 집중〈시키는〉 발표 시간에 청중을 강연자에게 집중시키는 능력이 뛰어남.
- 집중〈을〉 수업 시간에 다소 집중을 못 하는 모습을 보임.
- 집중〈력〉 수업 시간에 높은 수준의 집중력을 발휘함.

조사나 서술어에 변화구를 던져보면 글이 죽 스트라이크 되는 경우가 많답니다. 한 번 더 예시를 들어볼까요?

〈꾸준, 노력〉을 쓰고 싶은데 문장이 꼬였을 때

- 노력〈함〉 꾸준하게 노력함.
- 노력〈하는〉 꾸준하게 노력하는 열정을 보임.
- 노력〈하여〉 꾸준히 노력하여 기대 이상의 성과를 얻음.
- 노력〈의〉 꾸준한 노력의 결과로 기대 이상의 성과를 얻음.
- 노력〈을〉 꾸준히 노력을 기울임.

생기부 글쓰기는 뭘 해도 참 답답하고 어렵습니다. 그리고 피할 수도 없습니다. 이런 말이 있습니다. "피할 수 없는 고통은 '그래도' 피했으면." 처음 들어보시죠? 제가 만든 말입니다. 원문은 "피할 수 없는 고통은 즐겨라."입니다.

올해 연말도 불철주야 의자와 하나가 되어 생기부 창작의 영혼을 불 지를 우리 선생님들. 버텨내시라. 이겨내시라. 파이팅 입니다! 외쳐 봅시다!

"우리는 원래 대단한 사람들!"

PART
03

숨어있는

필력 UP
시키기!

좋은 글을 훔쳐라!
패러디 글쓰기 훈련

패러디 글쓰기 훈련의 쓸모

패러디 글쓰기 훈련을 자주 해보세요. 문장의 맛이 크게 좋아진답니다. 우리는 지금까지 글쓰기 공식과 문장 뭉치기 공식을 살펴봤습니다. 글의 전체적인 구성을 주로 살펴보았습니다. 에피소드를 언제 제시할지, 자기 생각은 어떤 순서로 쓸지를 알아보았죠. 문장 뭉치기 공식도 사실 '구성'에 집중했습니다. 핵심 내용을 언제 내보낼지 이를 뒷받침할 문장들을 어떻게 덧붙일지를 보았습니다. 목표는 단 하나, 바로 가독성을 높이기 위해서였습니다. 그런데 가독성 하나만으로 좋은 글, 맛있는 글의 모든 조건을 갖출 수는 없겠죠? 좋은 글은 가독성도 좋은 것이니까요. 글맛이 살아있는 글을 쓰기 위해서는 가독성을 높이는 수련 이외에 다른 훈련이 필요합니다.

혹시 좋아하는 작가가 있으신가요? 유달리 내 맘을 강렬하게 훔쳐간 글도 있을 겁니다. 나도 한 번쯤 저렇게 쓰고 싶다고 느끼는 글쓰기

'스타일(문체)'도 있으시죠? 우리가 아무리 문장 뭉치기 공식을 연습하고 글쓰기 공식을 내 것으로 만든다고 해도, 내가 좋아하는 작가님처럼 글맛 나는 글쓰기를 하기는 쉽지 않습니다. 그래도 그냥 평균 정도의 글쓰기 실력을 갖춘 것에 만족하자고 생각하시면 안 됩니다. 우리도 그 작가님처럼 글맛 나는 글을 쓸 수 있습니다.

아주 간단한 훈련을 조금만 하셔도 우리의 '필력'을 금세 올릴 수 있습니다. 방법은 간단합니다. 훔치면 됩니다. "지금 도둑질을 가르치시는 건가요? 교사가? 농담이시죠?"하고 놀라실 이유 없습니다. 도둑질 가르치는 것이 맞으니까요. 바로 글 도둑이 되세요. 우리가 그토록 갖고 싶었던 작가님의 감성, 스타일, 필력을 내 것으로 만들 수 있습니다. 책 도둑질은 손가락질 받아야 할 범죄지만 글 도둑질은 권장해야 할 글쓰기 연습법입니다.

프로 작가들도 다 글 도둑질을 통해 필력을 키워왔습니다. 그렇다면 전업 작가가 아닌 우리도 글을 베껴 연습해야겠지요. 좋아하는 작가의 글을 베껴 쓰면서 연습하는 일은 글쓰기 연습법의 기본 중의 기본입니다. 그 작가님의 원격 '랜선' 문하생이 되는 겁니다.

〈패러디 글쓰기 훈련〉은 필사 훈련법 중 하나입니다. 원문을 그대로 옮겨 적는 것이 아니라 명사와 서술어에 변주를 주어서 패러디 글을 쓰는 훈련법입니다. 꾸준히 패러디 글쓰기를 하다 보면 내가 좋아하는 작가처럼 글을 쓰는 자신을 발견할 수 있습니다.

그럼, 패러디 글쓰기 예시문을 함께 읽어볼까요? 윤종신 씨가 작사와 노래를 맡았던 〈좋니?〉를 패러디해서 〈조니?〉로 바꿔보았습니다. 헤어진 연인에게 원망 섞인 그리움을 애절하게 그린 원곡의 구구절절한 애잔함에 깊이 공감했습니다. 수업 시간마다 엎드려 자는 학생에게 원망 섞인 아쉬움을 애절하게 그려서 수업 교사의 구차한 애잔함을 그려보았습니다.

조니

이제 다 잤니 너무 잠들었잖아. 우리 수업한 지가 고작 2분이 지났을 뿐인데. 우린 참 어려웠어.

잘 먹는다고 전해 들었어. 가끔. 벌써 점심. 좋은 반찬 나온 날 눈뜨고 먹고 있어. 굳이 내게 전하더라

잘했어 넌 못 참았을 거야. 그 허기짐을 견뎌내기엔

(후렴) 조니? 배불러서? 수업을 시작할 땐 네가 얼마나 예쁜지 모르지. 그 모습을 아직도 못 잊어. 헤어 나오지 못해. 네 코골이 들린 날은 더

조니? 그 소리 솔직히 견디기 버거워. 네가 조금 더 눈뜨면 좋겠어. 진짜 조금 내 수업 십 분의 일만이라도 버티다 엎드려줘.

좋아? 정말 조니? 딱 자기 좋은 수업 정도니? 난 딱 알맞게 베개 주지 못한 뒤끝 있는 너의 옆 반 선생님일 뿐. 졸렸던 그저 그런 선생.

이번에는 제가 문장 연습을 위해 패러디했던 글을 보여드리겠습니다.

"완벽한 교사 같은 건 존재하지 않는다. 완벽한 철밥통이 존재하지 않는 것처럼…."

내가 교생 때 우연히 알게 된 어떤 교사는 내게 그렇게 말했다. 내가 그 참뜻을 이해하게 된 것은 임용 후 한참 지난 뒤였지만 교직 생활하면서도 최소한 그 말을 일종의 방어기제로 받아들일 수는 있었다. 완전한 교사 따위는 존재하지 않는다, 하고.

그러나 그래도 역시 현장을 살아가다 보면 언제나 절망적인 사안에 사로잡히게 됐다. 내가 할 수 있는 영역은 너무나도 한정되어 있었기 때문이다.

예를 들면 더 나은 삶에 대해서는 훈화할 수는 있다 하더라도, 더 나은 삶을 살아보았느냐에 대해서는 아무 잔소리도 할 수 없을지도 모른다. 그런 옹알이다. 12년 동안 나는 계속 그런 자격지심에 빠져 있었다. 12년 동안. 긴 세월이다. 물론 모든 것에서 무엇인가를 가르치려는 자세를 계속 지키려고 했었다면 경력을 쌓으며 무뎌져 간다는 게 그다지 큰 고통스러운 일은 아니다. 그것은 아마 보통의 교사라면 그럴 것이다.

1정 연수가 좀 지났을 때부터 나는 줄곧 다른 학교 교사와 나를 비교하며 살았다. 그 때문에 편한 학교에서 근무하는 교사로부터 여러 번 배아픈 질투를 느꼈고, 미워했고, 오해했고, 또 동시에 많은 이상한 푸념도 했다. 그런 자세로 10년을 맞았다.
이제 나는 내 푸념을 늘어놓으려 한다.

어떠신가요? "글을 참 맛있게 쓴다."라고 하는 생각이 드시죠? 그런데 이 글은 제가 무에서 유를 창조한 것이 아니라 원문을 옆에다 두고 패러디한 글입니다. 원문은 무라카미 하루키 작가의 『바람의 노래를 들어라』입니다. 제목을 '발암의 노래를 들어라'로 패러디했습니다. 원문을 보면서 어느 부분을 어떻게 패러디했는지 확인해보세요.

"완벽한 문장 같은 건 존재하지 않는다. 완벽한 절망이 존재하지 않는 것처럼···."

내가 대학생 때 우연히 알게 된 어떤 작가는 내게 그렇게 말했다. 내가 그 참뜻을 이해하게 된 것은 한참 지난 뒤였지만, 그전에도 최소한 그 말을 일종의 위안으로 받아들일 수는 있었다. 완전한 문장 따위는 존재하지 않는다, 하고.

그러나 그래도 역시 뭔가를 쓰려고 하면 언제나 절망적인 기분에 사로잡히게 됐다. 내가 쓸 수 있는 영역은 너무나도 한정되어 있었기 때문이다. 예를 들면 코끼리에 대해서는 무엇인가를 쓸 수 있다 하더라도,

코끼리 조련사에 대해서는 아무것도 쓸 수 없을지도 모른다. 그런 뜻이다.

8년 동안 나는 계속 그런 딜레마에 빠져 있었다. 8년 동안. 긴 세월이다. 물론 모든 것에서 무엇인가를 배우려는 자세를 계속 유지하고 있었다면 나이를 먹으며 늙어 간다는 게 그다지 큰 고통스러운 일은 아니다. 그것은 일반론이다.

스무 살이 좀 지났을 때부터 나는 줄곧 그런 생활 태도를 유지하려고 노력해 왔다. 그 때문에 타인으로부터 여러 번 뼈아픈 타격을 받고, 기만당하고, 오해받고, 또 동시에 많은 이상한 체험도 했다. 그런 자세로 나는 20대 후반을 맞았다.
이제 나는 내 이야기를 하려고 한다.

무라카미 하루키, 『바람의 노래를 들어라』 중에서

글맛이 좋아진 기적을 경험한 후로, 저는 〈패러디 글쓰기 훈련〉 전도사가 되었습니다. 어떻게 패러디를 해야 더 효율적으로 필력을 높일 수 있을지 정리를 해보았습니다. 선생님도 패러디 작가가 돼보세요. 〈패러디 글쓰기 훈련〉을 꾸준히 연습하세요. 내가 좋아하는 작가의 글과 비슷한 느낌의 글맛을 주는 글을 써보세요. 자신의 원래 스타일이 더해져 나만의 글맛 나는 문장 스타일을 만들어보세요. 좋은 글에 마음 도둑 맞지 말고, 좋은 글을 내 것으로 훔치세요.

그리고 아이들에게도 필사 훈련, 패러디 훈련을 시켜보면 좋습니다. 요즘 아이들 문해력이 많이 떨어집니다. 문해력이 떨어진 이유는 다양합니다. 원인도 다양한 만큼 해결책도 다양합니다. 저는 패러디 글쓰기 훈련이 아이들의 문해력을 높여줄 수 있다고 믿습니다. 문해력을 높이기 위해서는 제대로 독서하기, 직접 써보기가 중요합니다. 패러디 글쓰기를 위해서는 원문을 꼼꼼하게 읽으며 분석해야 합니다. 주어는 어디에 있고 목적어와 서술어는 어떻게 쓰였는지, 꾸미는 말고 꾸밈을 받는 말은 무엇인지 분석하면서 읽어야 합니다.

눈으로 글자만 읽는 독서가 아닙니다. 패러디 글쓰기 훈련을 위해 원문을 분석하며 읽다 보면, 글쓴이의 의도가 무엇인지까지 알아내며 읽어야 하는 독서를 하게 됩니다. 그리고 직접 글을 쓰면서 글을 쓰는 사람의 관점까지 경험하게 됩니다. 요리할 줄 아는 사람은, 요리의 맛을 제대로 느낄 줄도 압니다. 글도 마찬가지입니다. 글을 쓸 줄 아는 사람은 글을 읽을 줄도 압니다. 또 아이들은 패러디 글쓰기 훈련을 하면서 글을 쓰는 일이 얼마나 재밌는지도 경험하게 됩니다. 아이들과도 패러디 글쓰기 훈련을 함께 해보세요.

패러디 글쓰기 훈련의 요령

❶ 원문을 분석하면서 읽는다.

(1) 글쓰기 공식을 떠올리며 작가의 글쓰기 공식과 비교한다.

(2) 문장 뭉치기 공식을 떠올리며 작가의 문장 패턴을 분석한다.

(3) 수식어의 위치, 묘사 기법, 호흡을 분석한다.

(4) 작가의 '자세'를 주의 깊게 살펴본다.

(5) 조금은 건방진 자세를 갖는다. 나라면 어떻게 썼을지 생각한다.

❷ 원문을 옆에 두고 패러디 글을 써본다.

(1) 글의 주제와 방향을 정한다.

(2) 처음에는 명사 위주로 바꿔본다.

(3) 수식어와 서술어도 바꿔 본다.

(4) 흐름을 타면 원문을 내려놓고, 내 마음대로 글을 밀고 나간다.

패러디를 하기 위해서는 원문을 꼼꼼하게 다시 읽어야 합니다. 마음에 두는 구절이나 문단을 뽑고, 해당 부분을 천천히 읽습니다. 글쓰기 공식을 떠올리세요. 작가의 글쓰기 공식은 무엇인지 살펴보세요. 소설은 글쓰기 공식을 찾기 힘듭니다. 하지만 에세이, 칼럼, 사설은 저자 나름의 글쓰기 공식이 있습니다. 그리고 작가는 문장을 어떻게 뭉쳐가며 글을 쓰는지 살펴봅니다. 우리가 함께 익혔던 문장 뭉치기 공식과 작가의 문장 패턴을 비교하며 읽습니다. 핵심 문장이 먼저 나오는지 구체적 예시 문장이 먼저 나오는지, 이유 문장과 근거 문장이 함께 나열되었는지 등을 살펴봅니다. 단어를 어떻게 꾸미는지 살펴보세요. "하늘이 맑았다."를 표현하기 위해 "뿌옇던 하늘이 맑았다."라고 하는지, "내 마음처럼 뿌옇던 하늘이 맑았다."라고 하는지, "내 마음처럼 뿌옇던 하늘이 아직 혼탁한 내 마음보다 먼저 맑아졌다."라고 하는지 살펴보세요. 글의 호흡을 분석하세요. 사실 글의 '호흡'은 그렇게 거창한 것이 아닙니다. 단문을 주로 쓰느냐 복문을 주로 쓰느냐, 단문과 복문을 어떻게 배치하느냐에 따라 글의 호흡이 바뀔 뿐입니다. 묘사하는 대상을 향한 작가의 '자세''를 분석해보세요. 자신감이 넘치는지, 비관적인지, 의심에 가득 차 있는지. 작가의 자세에 따라 글맛도 달라집니다. "평양냉면은 맛이 없다.", "평양냉면에 '맛'이 존재한다고 볼 수 있을까?", "평양냉면의 맛을 논하는 일 자체가 한식 전체를 향한 모독이다.", "평양냉면을 먹으면 군 시절에 벌레를 억지로 먹어야 했던 가혹행위가 떠오른다." 글을 읽으며 작가의 의도, 심정을 분석해보는 겁니다.

사실 우리가 '문체'라고 부르는 문장 기법은 이게 다입니다. 문장 뭉치기 공식을 어떻게 사용하는지, 수식을 어떻게 하는지, 자기 의견을 말할 때 기본자세는 어떤지, 복문과 단문을 어떻게 섞어 쓰는지가 문체의 거의 전부입니다. 문체의 정체가 생각보다 별 것 없다는 사실이, 작가님들의 문체가 별 것 없다는 이야기는 아닙니다. 오랜 글쓰기 수련을 통해 자신만의 스타일을 구축하는 일은 쉬운 일이 결코 아닙니다. 우리는 작가님의 오랜 연구 결과를 감사와 존경을 담아 도둑질하면 됩니다.

조금은 건방을 떨어보세요. 내가 좋아하고 존경하는 작가의 글이라하지만, 글의 모든 문장이 다 맘에 들지는 않을 겁니다. "여기서 이렇게 쓰는 것보다 요렇게 쓰면 더 좋지 않았을까?"하고 도발적인 의문을 던 져보세요. 그리고 그 의문에 답을 찾기 위해 직접 글을 써보세요. 나만 의 문체를 만들어갈 좋은 기회입니다.

원문을 제대로 읽었다면 이제 패러디 글쓰기 훈련을 시작할 차례입 니다. 패러디 글의 주제와 방향성을 정합니다. 패러디 글쓰기 훈련을 처음 할 때는 원문의 '온도'를 따라가며 쓰면 좋습니다. 원문과 성격이 너무 다른 글을 쓰려고 하면 내용을 구상하느라, 정작 글 연습을 할 시간 이 부족해집니다. 원문이 프랑스 파리를 여행하며 쓴 에세이라면, 제주 도 함덕 여행 에세이로 패러디해보는 식입니다. 처음에는 명사 위주로 단어를 바꿔보세요.

> **원문** 프랑스의 하늘은 푸르고 맑았다. 파리에는 낯선 이방인들로 가 득했다.
>
> **패러디** 제주도의 하늘은 푸르고 맑았다. 함덕에는 낯선 육지인으로 가득했다.

이제는 좀 더 과감하게 수식어와 서술어도 바꿔보세요.

> **원문** 프랑스의 하늘은 푸르고 맑았다. 파리에는 낯선 이방인들로 가 득했다.

> **패러디** 제주도의 하늘은 높고 깊었다. 함덕에는 낯선 육지인들로 정신이 없었다.

패러디 글쓰기 훈련은 패러디 작품을 만드는 것보다, 글의 느낌을 내 것으로 만드는 시도가 더 중요합니다. 글맛의 흐름을 파악했다면 이제 원문을 살짝 내려놓고 글을 밀고 나가보세요. 우리의 뇌는 생각보다 성능이 매우 좋답니다. 다 쓴 글을 읽어보면 원문의 '온도'와 비슷한 글맛이 난다는 사실을 확인할 수 있습니다.

> **패러디** 제주도의 하늘은 높고 깊었다. 함덕에는 낯선 육지인들로 정신이 없었다. 가까운 식당에서 허기를 때우고 싶었다. 함덕에는 맛집이 없다는 사실을 이미 알고 있었다. 혀에게 위가 말했다. "나부터 살고 보자. 미안하다. 혀야."

이제, 장르별로 패러디 글쓰기 훈련을 함께 해볼까요?

✎ 장르별 패러디 글쓰기 훈련

주제와 방향, 글의 온도는 선생님이 직접 정해보세요. 원문을 먼저 확인하세요. 그리고 연습장이나 컴퓨터에 바로 패러디 글쓰기 훈련을 하면 됩니다.

원문 천재는 1%의 영감과 99%의 노력으로 만들어진다.
패러디 좋은 학급은 1%의 담임 노력과 99%의 가정교육으로 만들어진다.

원문 세상은 고통으로 가득하지만, 그것을 극복하는 사람들로도 가득하다.
패러디 학교는 모순이 가득하지만, 그것을 극복하려는 교사들로도 가득하다.

어떤 이가 열등감 때문에 우물쭈물하고 있는 동안, 다른 이는 실수를 저지르며 점점 우등한 사람이 되어간다.

많은 사람이 무엇이 진정한 행복인지에 대해 잘못된 생각을 하고 있다. 행복은 자기만족에 의해서가 아니라, 가치 있는 목적에 충실함으로써 이루어진다.

음식에 대한 사랑보다 더 진실한 사랑은 없다.

낙관론자는 우리가 최고의 세상에서 살고 있다고 주장하고 비관론자는 그 말이 사실일지도 모른다고 걱정한다.

우주의 중심을 발견하는 날, 많은 사람이 자신이 그 중심이 아님을 깨닫고 실망하게 될 것이다.

지금 다른 사람의 불행보다 자신의 행복을 더 바라는 사람이 많다면, 몇 년 후에 이 세상은 낙원이 될 것이다.

우리가 반복적으로 행하는 것이 우리 자신이다. 그렇다면 탁월함은 행동이 아닌 습관인 것이다.

인생은 외국어이다. 모든 사람이 그것을 잘못 발음한다.

청소년기에 나는 영원한 명성을 열망했고, 사실의 정확성을 갈망했으며, 인생에 대한 의미 있는 비전에 목말라했다. 그래서 나는 과학자가 되었다. 이는 마치 여자를 만나기 위해 대주교가 되는 것과 같다.

용기란 두려움에 대한 저항이고, 두려움의 정복이다. 두려움이 없는 게 아니다.

항상 잘못을 인정하라. 그러면 권한이 있는 사람들이 경계심을 버릴 것이며 당신에게 더 많은 잘못을 저지를 기회가 주어질 것이다.

글 전체를 패러디 하려는 부담을 갖지 않아도 됩니다. 몇 문장씩 나눠서 연습해도 좋습니다. 단어와 서술어를 바꾸려고만 하지 말고, 흐름이 느껴지면 원문을 무시하고 그대로 글을 죽죽 밀고 나가보세요.

마이크로 소프트 창립자인 빌 게이츠가 쓴 하버드 졸업식 연설문입니다. 졸업식 축사, 종업식 훈화 말씀으로 바꿔보면 어떨까요?

복잡하다고 멈추지 마십시오. 행동가가 되십시오. 큰 불평등을 직시하십시오. 그것은 당신의 삶에서 가장 멋진 경험 중의 하나가 될 것입니다. 졸업생 여러분은 매우 놀라운 시기에 사회에 나오는 것입니다. 하버드를 떠나면서 여러분은 제 동기들이 가지지 못한 기술을 가졌습니다. 여러분은 전에 우리가 하지 못했던 전 세계적 불평등에 대해 인식하고 있습니다. 그러한 인식과 함께 여러분의 아주 적은 노력으로도 삶을 변화시킬 수 있는 사람들을 내버려 둔다면 양심이 여러분을 괴롭힐 것입니다. 여러분은 우리보다 더 많은 것을 가졌습니다. 더 일찍 시작할 것이고 더 오래갈 것입니다.

알아야 할 것들을 알고 있다면 어떻게 실천하지 않을 수 있겠습니까?

그리고 30년 후에 다시 하버드로 돌아와 여러분의 재능과 에너지로 했던 일들을 돌이켜 보길 바랍니다. 여러분의 직업적 성과뿐만 아니라 세계의 뿌리 깊은 불평등을 얼마만큼 잘 전달했는지, 그리고 인류애 이외에는 공통된 점이 없는 저 멀리 떨어져 있는 사람들의 삶에 얼마나 이바지했는지 여러분 스스로 평가해보시길 바랍니다.

다음은 이효석 작가님의 '메밀꽃 필 무렵'입니다. 일은 안 풀리고, 모아둔 돈은 없고, 삶은 귀찮고 날씨마저 맘에 안 드는 주인공의 심정에

초점을 맞춰서 패러디해보세요.

> 여름 장이란 애당초에 글러서, 해는 아직 중천에 있건만 장판은 벌써 쓸쓸하고 더운 햇발이 벌여놓은 전 휘장 밑으로 등줄기를 훅훅 볶는다. 마을 사람들은 거의 돌아간 뒤요, 팔리지 못한 나무꾼 패가 길거리에 궁깃거리고들 있으나, 석유병이나 받고 고깃마리나 사면 족할 이 축들을 바라고 언제까지든지 버티고 있을 법은 없다. 칩칩스럽게 날아드는 파리떼도 장난꾼 각다귀들도 귀찮다.
>
> 은시절에는 알뜰하게 벌어 돈푼이나 모아본 적도 있기는 있었으나, 읍내에 백중이 열린 해 호탕스럽게 놀고 투전을 하고 하여 사흘 동안에 다 털어버렸다. 나귀까지 팔게 된 판이었으나 애끓는 정분에 그것만은 이를 물고 단념하였다. 결국 도로아미타불로 장돌이를 다시 시작할 수밖에 없었다. 짐승을 데리고 읍내를 도망해 나왔을 때에는 너를 팔지 않기 다행이었다고 길가에서 울면서 짐승의 등을 어루만졌던 것이었다. 빚을 지기 시작하니 재산을 모을 염은 당초에 틀리고 간신히 입에 풀칠을 하러 장에서 장으로 돌아다니게 되었다.

패러디 팁을 하나 더 알려드리자면, 같은 주제와 소재를 다룬 '좋은 글'을 먼저 패러디 해보는 것이 좋습니다. 여행 후기, 음식 리뷰, 편지, 주장문, 설명문을 쓰기 전에 잘 쓴 글을 먼저 찾습니다. 그리고 빠르게 패러디 글쓰기를 해보세요. 그러면 잘 쓴 글의 '글맛'이 머릿속에 저장됩니다. 그리고 원문을 덮고 원래 쓰고자 했던 글을 써보세요. 그러면 신기하게도 비슷한 느낌의 글이 마법처럼 죽죽 써지는 기적을 목격할 수 있답니다. 우리의 뇌는 생각보다 성능이 좋다는 사실을 잊지 마세요. 패러디 글쓰기 훈련을 자주 해보세요. 글맛이 풍부해지고 필력이 쑥쑥 늘어나는 성장 스토리를 느껴보세요.

글쓰기 개요 짜기부터
퇴고까지

🍃 초고는 버리라고 쓰는 것, 결론은 찾아가는 것

초고는 버리라고 쓰는 것입니다. 그리고 결론은 글을 쓰기 전에 내리는 것이 아니라 글을 쓰면서 찾아가는 것입니다. 한국 영화계의 흥행 보증 수표인 최동훈 감독은 초고에 관해 이런 말을 했습니다. "내용이 후져도 상관없다. 일단 쓰면 된다. 정말 쓰레기 같은 초고를 가지고 와서 얼마나 못 썼는지 자학하며 하나씩 고치기 시작하는 거다. 나는 초고를 빨리 쓴다. 초고를 완벽하게 쓰려고 마음먹으면 질질 끌려다닐 수밖에 없다. 묘사할 자신이 없는 신은 이런 내용일 것 같다고 하고 넘어간다."

전문 작가들조차 초고를 완벽하게 쓰기란 불가능한 일인가 봅니다. 글은 어차피 고쳐 써야 한다는 말은 글을 쓸 때 느낄 부담감을 많이 줄여줍니다. 초고의 '품질'이 내 글만 형편없는 것이 아니라 세계적인 작가들도 마찬가지란 말에 위안을 느끼세요. 그리고 일단은 어떻게든 글을 완성 시키려고 해보세요. 초고를 쓸 때는 잘 쓰는 것보다 어떻게든 끝을 맺는 데에 집중하세요. 그리고 천천히 글을 고쳐 쓰면 됩니다.

초고를 쓸 때 몇 가지 팁을 알려드리겠습니다. 복문을 쓰지 말고 단문 위주로 글을 쓰세요. 복문은 죄가 없습니다. 하지만 복문은 쓰기 어렵습니다. 게다가 복문은 글을 쓴 자신도 읽기 어렵습니다. 단문으로 초고를 완성한 후에, 퇴고하면서 필요에 따라 복문으로 고쳐 쓰면 됩니다.

문장 뭉치기 공식의 '원형'을 쓰세요. 구체적 예시 문장 앞에 쓰는 '예를 들면', 근거 문장 앞에 붙는 '이를 뒷받침하는 근거로'를 생략하지 말고 그대로 씁니다. 글맛이 떨어지겠지만, 이렇게 '원형'을 살려서 문장을 쓰게 되면 글을 쓰는 속도가 빨라집니다. "아, 지금 내가 이유를 쓰고 있군.", "나는 지금 구체적인 예시 문장을 쓸 거야." 하면서 자신이 어느 문장을 쓰고 있는지 확인하면서 글을 쓸 수 있습니다. 덕분에 글을 쓰는 속도가 빨라집니다. 문장 뭉치기 공식 원형으로 초고를 빠르게 완성한 후에, 퇴고하면서 필요할 경우 군더더기 말들을 지워주면 됩니다.

다시 말씀드리지만, 초고는 버리라고 쓰는 글입니다. 글을 잘 쓰려고 하지 말고 어떻게든 일단 마무리 지으세요. 그리고 고쳐 쓰면 그만입니다.

많은 글쓰기 책들을 살펴보면, 결론부터 글을 쓰라고 강조하는 작법서들이 많습니다. 맞는 말입니다. 결론부터 글을 제시하면 좋은 점이 참 많습니다. 글이 방향을 잃지 않습니다. 서두에 결론을 딱하고 박아놓았기 때문에 뒤에 쓸 모든 내용은 결론을 향해갑니다. 모든 이유, 사례, 근거들이 한 방향으로 향하기 때문에 글에 통일성이 생깁니다. 독자는 결론을 이미 알기 때문에 "이런 주장을 하는구나. 그렇다면 어디 한번 어떤 근거를 제시하는지 살펴볼까?" 하면서 글의 흐름을 탑니다. 덕분에 가독성이 높아집니다. 더욱이 요즘 사람들은 첫 두세 줄에 임팩트를 느끼지 못하면 글을 끝까지 읽으려 하지 않습니다. 글을 시작하면서 바로 결론을 제시하면 독자의 호기심을 끌어낼 수 있습니다. 호기심은 "한번 읽어볼까?" 하는 마음으로 이어집니다.

또한 결론부터 글을 써야만 하는 글들도 있습니다. 〈설득력 있는 글쓰기 공식〉처럼 자신의 주장을 펼치며 다른 사람을 설득해야 하는 유형의 글은 결론부터 써야 합니다. 업무적 글쓰기 역시 결론부터 써야 합니다. 대학교 리포트, 보고서 등이 그렇습니다. 〈업무적 글쓰기〉는 공식이 간단합니다. 우리가 익혔던 문장 뭉치기 공식과 '마무리 공식'을 합하면 됩니다.

업무적 글쓰기 공식

❶ 핵심 내용 제시

❷ 이유 제시

❸ 이유의 근거 제시

❹ 마무리

❹-1 정리

❹-2 방향 제시

❹-3 구체적 실천 계획 제시

〈업무적 글쓰기 공식〉의 순서가 매우 익숙하죠? 서두에 핵심 내용

을 제시합니다. "체험 활동을 늘렸더니 학습 효과가 높아졌다.", "더 좋은 일반고 사업의 일환으로 시작한 학생 주도 프로젝트 활동의 교육적 효과가 크다."처럼 '결론'에 해당하는 핵심 내용을 먼저 씁니다. 업무를 위한 글이기 때문에 직진 최단 코스로 글이 질주해야 합니다. 빙 돌아가서는 안 됩니다. 그리고 이유를 제시합니다. "그래서, 그 근거가 무엇입니까? 대표적인 사례는 무엇이지요?" 하며 독자가 의구심을 품기 전에 근거를 바로 제시해야 합니다. 학생들의 흥미도와 집중도를 조사한 구체적 그래프를 제시하거나, 다양한 활동 사례들을 제시합니다. 그러면 다시 이런 질문이 들겠죠? "잘 들었습니다. 그런데요. 그래서 어쩌자는 겁니까?" 업무용 글쓰기의 핵심은 앞으로 업무를 어떻게 진행할 것인가 입니다. 그래서 글의 마지막에 전체적인 정리를 써주고, 앞으로 나아가야 할 거시적인 방향을 제시합니다. 그리고 당장 어떤 업무부터 해야 할지를 제안하면서 글을 마무리합니다.

업무용 글쓰기는 목표가 뚜렷합니다. 결론을 제시하고 이를 입증한 후에 차후 계획을 논해야 한다는 분명한 목표가 있습니다. 모든 자료를 긁어모아서 내 주장을 입증하는 데 집중하면 됩니다. 업무용 글은 결론부터 써야 하는 글이면서 결론부터 써야 글쓰기가 쉬워집니다.

하지만 결론부터 쓰는 일이 항상 쉬운 것도 아닙니다. 결론부터 쓴 글이 항상 좋은 것도 아닙니다. 우리가 글을 쓰는 이유는 여러 가지가 있습니다. 정보를 전달하기 위해서, 내 의견을 주장하기 위해서, 감동과 웃음을 주기 위해서, 읽는 이의 행동과 삶을 바꾸기 위해서 등 다른 사람에게 영향을 주고자 글을 씁니다. 그런데 글은 때로는 남이 아니라 나를 위해서 쓰기도 합니다. 내 진짜 마음과 생각을 찾아가기 위해 글을 쓰기도 합니다. 오늘 내가 겪은 일이 나에게 주는 의미가 무엇인지, 그때 그 일은 지금 나에게 어떤 의미를 주는지 찾아가기 위해 글을 씁니다.

결론을 정하고 글을 쓰는 것이 아니라, '결론'을 찾아가기 위해 글을 쓸 때도 있습니다. 내 마음과 생각을 정리하는 대표적인 글쓰기는 〈메타인지 글쓰기〉가 있습니다. 지금 내가 '결론'이라고 믿은 것들이 정말 나의 진짜 '결론'인지 되묻고 답하는 글쓰기. 결론을 확고하게 내리고 내 생각을 정리하게 되면, 글쓰기를 통해 나를 돌아볼 기회를 잃을 수 있습니다. 글을 끝까지 읽게 하려면 서두에 '결론'을 제시하고 싶다면 퇴고할 때 결론을 앞에다 끌어올리면 됩니다. '초고를 쓸 때는 결론을 미리 내리지 말고 편안한 마음으로 천천히 나를 돌아봅니다. 생각이 정리되었다면 퇴고를 하는 과정에서 '결론'을 글 서두에 올리면 됩니다. 하지만 업무용 글(주장문, 보고서 등)이 아니라면, 서두에 결론을 너무 '티 나게' 적지 않아도 좋습니다. 독자들이 글에 호기심을 느낄 수 있게 '미끼'를 글머리에 적는 것으로 충분합니다. 결론부터 써서 좋은 글이 있고, 결론 대신 미끼만을 제시해도 좋은 글이 있습니다. 결론을 먼저 내리고 써야 잘 써지는 글이 있고, 결론을 찾아가는 글쓰기도 있다는 걸 기억하세요.

🖋 못 쓴 글을 찾아 읽어라

잊지 말아야 할 진실이 있습니다. '퇴고한다.'는 말은 결국 '글을 쓴다.'와 뜻이 같습니다. 초고에 욕심내면 안 되듯 퇴고에도 욕심을 내면 안 됩니다. 잘 쓴 글의 기준이 끝도 없듯이 잘한 퇴고의 기준도 끝이 없습니다. 퇴고만 계속하다가 글을 완성 못 하고 '쓰다만 글'만 늘어납니다. 퇴고 과정을 겪으면서 글쓰기 실력을 늘릴 수는 있습니다. 하지만 글 여러 편을 더 써보는 쪽이 글쓰기 실력을 높이는 데 더 도움 됩니다. "지금 글은 마음에 안 들지만, 다음에 쓰는 글은 더 나아질 거야." 하는 마음으로 퇴고를 시작하세요. 초고를 쓸 때 부담 없이 썼던 것처럼, 퇴고할 때도 부담을 갖지 마세요.

퇴고하는 방법만 다룬 책이 많습니다. 그만큼 퇴고 과정에 살펴보아야 할 것들이 많다는 뜻이겠지요. 퇴고 방법을 다룬 책을 구해 읽어보세요. 글쓰기 실력을 키우는 데 많은 도움을 얻을 수 있습니다. 우선은 다음 몇 가지만 점검해도 퇴고를 마칠 수 있습니다. 글쓰기를 연습할 때 가장 중요한 것은 완벽한 글을 쓰는 것이 아닙니다. 글을 한 편이라도 더 완성해보는 것이 중요합니다. 퇴고도 가벼운 마음으로 임해보세요. 일단 글은 완성하는 것이 우선입니다.

🖋 눈으로 퇴고를 연습하자!

퇴고를 자주 연습하세요. 퇴고를 자주 연습하다 보면 실전 퇴고를 할 때 매의 눈으로 내 글을 분석하고 빠르게 글을 고칠 수 있게 됩니다. 그런 데 말이 이상하지 않나요? "퇴고를 연습하세요."라니. 퇴고면 퇴고지, 퇴 고에 무슨 연습이 있을까 싶습니다. 하지만 퇴고는 연습할 수 있습니다. '퇴고 연습하기'란 남이 쓴 '못 쓴 글'을 읽으며 "에이, 여긴 이렇게 썼어 야지."하면서 머릿속으로 퇴고하는 수련법입니다. 퇴고는 하면 할수록 늡니다. 그런데 퇴고를 하려면 일단 글을 써야 합니다. 퇴고를 자주 해 보려면 글도 그만큼 자주 써야 합니다. 남이 쓴 '못 쓴 글'을 찾아 읽어 보세요. 훈수를 두면서 읽는 겁니다.

남의 글을 고쳐주는 연습은 내 글쓰기에도 직접적으로 도움이 됩니 다. 직접 손으로 고쳐 써도 좋지만 시간을 아끼기 위해서는 머릿속으로 만 퇴고하세요. 우리의 뇌는 생각보다 성능이 우수합니다. "나는 저렇게 쓰지 말아야지."가 자주 입력되면 초고를 쓸 때부터 뇌가 다그치는 경험 을 하게 됩니다. "네가 욕한 글처럼 쓰고 있는걸? 거긴 그렇게 쓰지 말 아야지" 하면서 자동으로 실시간 퇴고를 하면서 글을 쓸 수 있습니다. 다만 뇌의 잔소리에 너무 집중하면 초고를 빠르게 쓰기 힘들 수도 있습 니다.

저는 못 쓴 글을 찾기 위해 위키 계열 사이트를 자주 방문합니다. 인 터넷 커뮤니티는 글을 '막' 쓰는 사람이 참 많습니다. 몇 줄 되지도 않는 글에 고칠 부분이 엄청 많습니다. 단점이라면, 깊이 있는 내용은 별로 보이질 않는다는 점이죠. 반면에 위키 계열 사이트(위키백과, 나무 위키 등)는 상대적으로 내용이 좋은 글들이 많습니다. 특정 분야에 흥미와 지식을 가진 사람들이 모여 함께 작성했기에 내용에 깊이가 있는 항목이 많습니다. 다만 항목을 작성한 분들 대다수는 글쓰기 실력 자체만 보았을 때는 아쉬운 점이 많습니다. 해당 항목에 지식이 높다고 해서 글까지 잘 쓰기란 쉽지 않습니다. 위키 계열 사이트 검색창에 평소 관심 있는 내용을 입력합니다. 그리고 글을 읽으며 지식을 얻습니다. 그와 동시에 '퇴고 훈수질'도 함께 합니다. "내용은 참 좋은데, 여기서 이렇게 쓰셨어야죠." 하면서 천천히 글을 읽습니다.

　못 쓴 글을 찾아서 읽다 보면 퇴고 실력을 높이는 데 도움을 많이 얻을 수 있습니다. 그런데 문제는 이 훈련법이 생각보다 강한 정신력을 요구합니다. 못 쓴 글을 오래 읽다 보면 머리가 멍해지고 가슴이 답답해집니다. 그럴 때! 평소 자신이 좋아했던 작가의 글을 꺼내 읽어보세요. 정신이 맑아지고 마음이 편한해집니다. 이럴 때는 자신에게 물어야 합니다. 왜 나는 이 작가의 글이 좋을까? 왜 이 글은 가독성이 좋고 글맛이 살아있을까? 못 쓴 글을 퇴고하며 얻은 눈으로 잘 쓴 글을 읽어보세요. "아, 나는 이런 글을 좋아하는구나.", "나는 이런 수식 방법에 호감을 느끼는구나.", "나도 이렇게 써봐야겠다." 하는 생각이 자연스럽게 올라옵니다.

　잘 쓴 글을 읽고 감동만 얻는 것이 아니라 글쓰기 연습도 함께 할 수 있게 됩니다. 못 쓴 글로 퇴고 연습하기, 잘 쓴 글을 분석하기. 이 작업을 자주 하게 되면 "이 작가님은 다 좋은데, 이 부분은 이렇게 쓰면 더 글맛이 살지 않았을까?"하고 작가님의 글 앞에서 건방을 떠는 순간이 올 것입니다. 어차피 작가님은 나의 불경스러움을 알 수 없을 테니 콧방귀 시원하게 뀌어보는 겁니다. 점점 글쓰기에 자신감이 생기는 것을 느낄 수 있습니다.

🖋 글쓰기 연습, 어디서 하면 가장 좋을까?

글쓰기 연습은 어디서 하면 좋을까요? 연습장에 손으로 한땀 한땀 적기? 컴퓨터에 폴더를 만들어서 문서를 차곡차곡 쌓기? 블로그에 비공개로 글을 올리기? 클라우드 문서 프로그램을 활용하기? 그런데 이 방법들은 재미가 없습니다. 내 글을 읽어주는 사람이 아무도 없기 때문입니다. 글을 쓰는 이유가 무엇입니까. 내 생각과 마음을 정리하기 위해서 쓰기도 합니다. 하지만 어쨌든 글은, 읽히기 위해서 쓰는 겁니다. 독자가 내 글을 읽고 내 경험과 감정과 지식을 공유하라고 쓰는 겁니다. 독자의 머리를 흔들고 마음을 흔들어서, 행동과 삶에 변화를 주고자 글을 씁니다. 그러니 아무도 읽지 않을 글을 쓴다는 건 얼마나 지루한 일이겠습니까. 그렇다고 SNS나 블로그에 글을 공개하기도 찝찝합니다. 자랑하고 싶은데, 아직 '미완성' 상태인 글을 친구들에게 보여주기는 또 싫습니다. 내가 누구인지 아는 사람들에게 연습용 글쓰기를 보여주는 것도 부담입니다. 팔로우를 취소하면 어쩌지 하는 걱정도 듭니다.

이런 고민을 해결해 줄 글쓰기 연습 장소가 있습니다. 최적의 글쓰기 연습장이 갖춰야 할 조건은 무엇이 있을까요?

최적의 글쓰기 연습 장소 조건

❶ 내 글을 다른 사람이 읽을 수 있어야 한다.

❷ 내 정체를 최대한 숨길 수 있어야 한다.

❸ 사람들이 내 글을 읽고 행동과 삶에 변화가 생길 수 있어야 한다.

❹ 내 글을 기다리는 독자들이 많아야 한다.

❺ 내가 평소에 흥미 있어 하는 분야의 글을 쓸 수 있어야 한다.

이 모든 조건을 갖춘 곳이 있을까요? 내 글이 공개되어도 내 정체는 숨길 수 있는 곳. 내 글을 기다리는 사람들이 가득하고, 내 글에 영향 받을 사람들이 득실대는 곳. 내가 좋아하는 것, 내가 잘하는 것에 관해 써도 사람들이 좋아해 줄 그런 글쓰기 연습 장소! 내 글을 기다리는 사람들이 한가득한 그런 곳! 이런 꿈같은 연습 장소가 어디일까요? 바로 '리뷰 코너'입니다!

최적의 글쓰기 연습 장소들

쇼핑몰 후기

포털 사이트 영화 리뷰

인터넷 서점 리뷰

음식점 리뷰

앱스토어, 플레이 스토어 리뷰

보통 리뷰란에 한 줄로 "먹을만했어요." 짤막하게 글을 쓰고 별점을 줍니다. 이제부터는 리뷰란을 글쓰기 연습장으로 활용해보세요. 에세이, 주장문, 설명문 형식으로 리뷰를 쓰면서 글쓰기 연습을 꾸준히 해보세요. 리뷰 란은 글쓰기를 연습하기에 가장 좋은 조건을 갖췄습니다. 내가 쓴 리뷰를 많은 사람이 볼 수 있습니다. 그런데 사람들은 이 글을 쓴 사람이 누구인지 알 수 없습니다. 내가 쓴 글이 맘에 들지 않아도 사람들은 이 '연습용' 글을 쓴 '작가'가 누구인지 모릅니다. 리뷰를 읽는 사람의 심정은 어떨까요? 먼저 소비를 한 사람의 글을 읽고 자신도 제품을 구매할지 말지를 결정하고 싶어 합니다. 내 글이 다른 사람의 행동과 삶에 영향을 미칠 수 있다는 뜻이지요. 또 이곳에는 내 글을 기다리는 사람들이 매우 많습니다. '신작'이 올라오기를 오매불망 기다립니다. 오죽하면 쇼핑몰 사이트에 들어가면 투고를 재촉하는 팝업이 뜹니다. "고객님의 리뷰를 기다리는 사람들이 많습니다.", "저번 주에 구매하신 제품은 마음에 드셨나요? 고객님의 후기가 필요한 제품이 있습니다." 내 글을 읽고 싶어 안달 난 사람들이 이렇게 많다니, 자존감도 쑥쑥 키울 수 있습니다. 자신이 평소에 잘 알고 있고, 흥미를 느낀 분야에 글을 쓸 때, 글이 술술 써집니다. 내가 흥미를 느껴 먼저 경험해 본 것들에 관해 글을 써보세요. 글이 술술 써집니다. 글 쓰는 재미도 커집니다. 구매한 제품 리뷰, 기억에 남는 영화 감상평, '내돈 내산' 책 서평, 국내 여행지 방문기, 해외 여행지 탐방기, 편리한 어플 리뷰. 선생님의 글을 기다리는 이가 많은 리뷰 란에서 마음껏 글쓰기를 연습해 보세요. 남 눈치 보지 말고 다양한 글쓰기 공식을 연습해 보세요. 글을 쓰는 재미도 느끼고 습

작을 쓰기 위해 꾸준히 에세이 형식으로 리뷰를 남깁니다. 선생님도 꼭 해보세요. 정답은 아니겠지만, 리뷰를 쓸 때 어떤 글쓰기 공식을 쓰면 좋을지 정리해봤습니다.

추천 글쓰기 공식	추천 유형
달라졌어요 글쓰기	리뷰 대상을 경험하기 전과 비교하면 삶의 질이 높아졌을 때 또는 비참해졌을 때
카테고리 글쓰기	리뷰 대상의 장단점을 덤덤한 어투로 쓰고 싶을 때
메타인지 글쓰기	감성 묻어나는 후기를 쓰고 싶을 때 주로 포털사이트 지도 서비스, 장소 리뷰란에 에세이 형식으로 글을 쓰고 싶을 때 추천
설득력 있는 글쓰기	강력 추천 또는 강력 '비추천' 하고 싶을 때
비평문 글쓰기	영화, 도서를 비평하고 싶을 때
좋은 말 글쓰기	영화 명대사, 책의 명문장을 인용해 교훈을 주는 글을 쓰고 싶을 때

리뷰를 쓰다 보면 글 쓰는 재미도 느끼고, 내 생각을 소신 있게 써나가면서 스스로 자신감도 얻을 수 있습니다. 글쓰기 실력을 쭉쭉 올릴 수 있는 리뷰 글쓰기! 지금 바로 실천해 보세요.

적당히 배워서 알차게 써먹자!

앞서 프롤로그에서도 언급했듯이 글쓰기에는 정답이 없습니다. 어떤 글이 좋은 글인지, 어떻게 글을 써야 좋은지는 읽는 사람마다 다르고 쓰는 사람마다 다르겠지요. 제가 이 책을 통해 선생님에게 들려드린 글쓰기 방법 역시 정답이 아닙니다. 하지만 적어도, 나의 이야기를 내가 직접 쉽게 쓸 수 있다는 힌트가 되었기를 바랍니다.

문장을 죽죽 써내려 가는 요령, 에세이를 쓰며 내 생각을 정리하는 방법, 내 의견을 조리 있게 전달하는 방법, 내게 일어난 변화를 들려주는 방법을 나눴습니다. 그리고 이 '요령'들로 학교 현장에서 어떻게 글을 쓸 것인지 함께 고민했습니다. 가정통신문 쓰기, 게시글 쓰기, 편지글 쓰기, 사과문 쓰기, 생활기록부 글쓰기 그리고 글맛을 끌어올릴 수 있는 패러디 글쓰기 훈련법도 함께 나눴습니다. 글의 시작과 끝은 어떻게 이어가면 좋을지도 함께 고민했습니다.

만약 선생님의 글쓰기에 글맛을 더하고 싶다면, 다른 글쓰기 책도 꼭 읽어보세요. 문장을 어떻게 쓸 것인지를 알려주는 책, 퇴고하는 방법을 알려주는 책, 글을 쓰는 이유를 다룬 책, 글을 어떻게 쓸 것인지를 알려주는 책. 우리 곁에는 좋은 글쓰기 스승님들이 참 많답니다. 글쓰기 스승님마다 알려주는 내용이 다를 겁니다. 하나씩 살펴보면서 선생님만의 글쓰기 방법을 만들어보세요.

선생님을 위한 참 쉬운 글쓰기는 여기까지입니다. 그리고 선생님의 글쓰기는 이제부터 시작입니다. 선생님의 하루, 일 년, 일생을 써보세요. 선생님의 기쁨, 상처, 희망, 우울함, 설렘, 두려움, 함성, 한숨을 적다보면 내 하루, 일 년, 일생에 의미가 더해집니다.

세상에서 가장 소중한 독자인 '나'를 위한 글을 써보세요. 그리고 또 다른 '나'들을 위해, 선생님의 이야기를 들려주세요. 기쁨, 희망, 설렘, 함성을 나누세요. 진짜 선생님의 글쓰기는 이제부터 시작입니다. 그러면 우리 마지막으로 함께 외쳐볼까요?

"적당히 배워서! 알차게 써먹자!"

선생님을 위한
참 쉬운
글쓰기

초판 1쇄 발행 2021년 12월 1일
초판 2쇄 발행 2022년 3월 14일

지은이 안태일
기획·편집 장인영
마케팅 윤유림
디자인 ALL designgroup

펴낸곳 ㈜아이스크림미디어
주소 경기도 성남시 분당구 판교역로 225-20 시공빌딩
전화 1544-3070
팩스 02-6280-5222
홈페이지 http://teacher.i-scream.co.kr

ISBN 979-11-5929-121-0 (03370)
가격 16,000원

선생님을 위한

참 쉬운
글쓰기